RECHERCHES

STATISTIQUES

SUR LES FORÊTS

DE LA FRANCE,

TENDANT A SIGNALER LE DANGER QU'IL Y AURAIT POUR ELLES D'OUVRIR NOS FRONTIÈRES AUX FERS ÉTRANGERS,

PAR FAISEAU-LAVANNE,

ANCIEN ARPENTEUR-VÉRIFICATEUR DU IXe ARRONDISSEMENT FORESTIER, MEMBRE CORRESPONDANT DE LA SOCIÉTÉ D'AGRICULTURE DU DÉPARTEMENT DU CHER.

PUBLIÉES PAR LES SOINS

DES COMMISSAIRES DÉLÉGUÉS PAR MM. LES PROPRIÉTAIRES DE BOIS.

Prix : 8 fr., avec la Carte.

PARIS.

A. J. KILIAN, LIBRAIRE, RUE DE CHOISEUL, N° 3.

CH. PICQUET, GÉOGRAPHE DU ROI, QUAI CONTI, N° 17.

L'AUTEUR, RUE NEUVE DU LUXEMBOURG, N° 28.

M DCCC XXIX.

RECHERCHES
STATISTIQUES
SUR LES FORÊTS
DE LA FRANCE.

TYPOGRAPHIE DE J. PINARD, IMPRIMEUR DU ROI,
RUE D'ANJOU-DAUPHINE, N° 8.

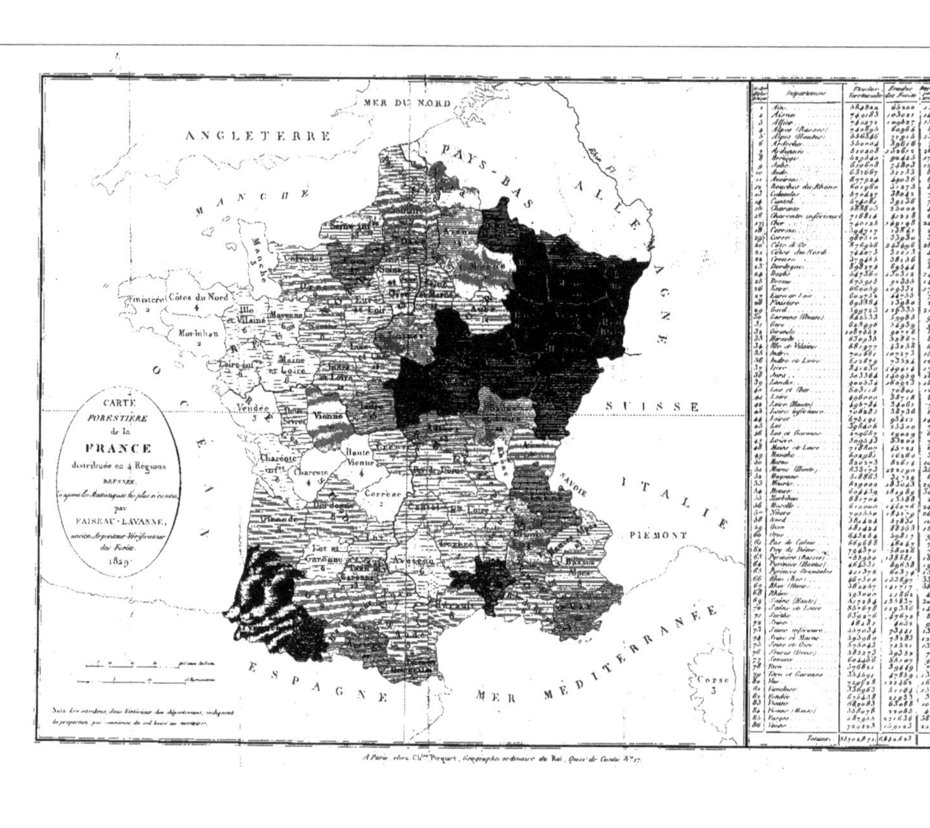

A Paris, chez Ch.les Picquet, Géographe ordinaire du Roi, Quai de Conti N.o 17.

RECHERCHES

STATISTIQUES

SUR LES FORÊTS

DE LA FRANCE,

TENDANT A SIGNALER LE DANGER QU'IL Y AURAIT POUR ELLES D'OUVRIR NOS FRONTIÈRES AUX FERS ÉTRANGERS,

PAR FAISEAU-LAVANNE,

ANCIEN ARPENTEUR-VÉRIFICATEUR DU IXe ARRONDISSEMENT FORESTIER, MEMBRE CORRESPONDANT DE LA SOCIÉTÉ D'AGRICULTURE DU DÉPARTEMENT DU CHER.

PUBLIÉES PAR LES SOINS

DES COMMISSAIRES DÉLÉGUÉS PAR MM. LES PROPRIÉTAIRES DE BOIS.

« Aut unde iratus sylvam devexit arator
« Et nemora evertit multos ignava per annos
« Antiquasque domos avium cum stirpibus imis
« Eruit : illæ altum nidis petiere relictis,
« At rudis enituit impulso vomere campus.

« VIRG., *Georg.*, *lib.* 2.

« Tel encor ce terrain couvert d'un bois stérile,
« Que son maître rougit de laisser inutile ;
« D'une main indignée il y porte le fer,
« Détruit les vieux palais des habitans de l'air :
« L'oiseau, tremblant, s'enfuit de ses toits qu'on ravage ;
« Et le soc rajeunit cette plaine sauvage.

« DELILLE. »

PARIS.

A. J. KILIAN, LIBRAIRE, RUE DE CHOISEUL, N° 3.

M DCCC XXIX.

A Son Altesse Royale
Monseigneur le Duc d'Orléans.

Monseigneur,

La bienveillance avec laquelle Votre Altesse Royale a daigné accueillir mon premier ouvrage sur l'estimation des Bois, m'encourage à la prier d'agréer l'hommage d'une seconde production ayant pour titre : Recherches Statistiques sur les Forêts de la France.

Le but de ce travail est de mettre sous les yeux du Gouvernement l'état actuel de nos Forêts comparé à leur état ancien ; le dépérissement qu'elles ont éprouvé, notamment depuis deux siècles, à défaut de moyens suffisans de consommation ; le danger de voir se poursuivre cet état de choses par le ralentissement inquiétant de nos usines à fer, dont un instant de prospérité semblait devoir arrêter les envahissemens de l'agriculture sur le sol boisé; enfin, de présenter cette prospérité comme seul moyen efficace de prévenir un mal dont l'accomplissement serait des plus funestes à l'intérêt général.

Si la crise actuelle dont notre crédit industriel est atteint ne cesse bientôt, les défrichemens reprendront leurs progrès effrayans, et personne, Monseigneur, n'est plus à portée d'en apprécier les fâcheuses conséquences, que Votre Altesse Royale, par les connaissances approfondies et directes qu'elle puise chaque jour dans une forte portion des bois de la France attachés à ses immenses domaines.

Je suis avec respect,

Monseigneur,

De Votre Altesse Royale,

Le très humble et très obéissant serviteur,

FAISEAU-LAVANNE.

AVANT-PROPOS.

Lorsque chaque intérêt, industriel, commercial, agricole, s'est cru appelé, par la formation d'une commission d'enquête, à faire connaître au gouvernement ses besoins et ses souffrances, ses craintes et ses vœux, les propriétaires de bois et d'usines ont dû exposer avec franchise les dangers qui menaçaient la propriété forestière, les conséquences funestes qui résulteraient d'un changement de système dans la législation des douanes, et la liaison intime qui existait entre la prospérité des bois et celle de toutes les autres natures de propriété comme de toutes les industries.

Considérant la question sous des points de vue généraux et d'ordre public, ils ont négligé tout ce qui pouvait se rattacher à un intérêt personnel et spécial, et n'ont cherché leurs moyens de défense que dans l'exposé des intérêts de l'état.

Cependant il a paru à MM. les propriétaires de bois que les motifs qui les dirigeaient n'avaient pas été généralement appréciés. Il leur a semblé que la question n'était pas comprise, et que plusieurs bons esprits s'obstinaient à n'envisager la propriété forestière que comme un objet ordinaire de production et de consommation qui devait être abandonné aux chances, aux caprices et à toutes les vicissitudes des spéculations particulières.

C'est ainsi qu'en poursuivant cet ordre d'idées, on a soutenu qu'empêcher la ruine de nos forêts serait créer un privilége illégal en faveur d'une classe de propriétaires, sans calculer que ce prétendu privilége, qui aurait pour objet de s'opposer à la disparition d'une denrée de première nécessité, serait tout au profit du consommateur; sans réfléchir que le bois qui échauffe également l'âtre du pauvre comme le foyer du riche, qui sert à clore la cabane comme le palais, qui est indispensable à la cuisson du premier aliment de l'homme, qui s'emploie dans toutes les industries, qui permet seul d'établir un point d'union entre les deux mondes, qui est utile enfin à tous les besoins, n'est point le produit d'une création instantanée, qu'il faut des siècles pour former des forêts, et peu de jours pour les détruire.

C'est ainsi qu'on a parlé, sans y croire, d'un monopole exercé par les maîtres de forges, d'une prime énorme qu'ils accordent aux propriétaires de bois pour s'assurer leur appui, et cela pour n'avoir pas su ou voulu plutôt reconnaître tous les avantages que retire le pays d'un sol boisé, se rendre raison des charges, des privations, des sacrifices que les bois imposent à leurs propriétaires, et se convaincre que de toutes les propriétés celle-là est la plus ingrate, la moins productive, la seule qui soit condamnée à demeurer stationnaire au milieu de tous les progrès de l'industrie et de l'intelligence humaine...

C'est ainsi que dans une feuille périodique, remarquable par le talent de ses rédacteurs, on a avancé que l'improduction de nos forêts, l'abandon de nos usines, la destruction de l'industrie métallurgique, ne seraient pas un dommage réel pour le pays, parce qu'il surgirait de ce déplacement d'intérêts et d'activités, de nouvelles industries qui remplaceraient avec avantage celles qui auraient disparu. Comme s'il était indifférent, en bonne économie politique, de sacrifier le certain à l'incertain; comme s'il ne s'agissait ici que de changer un système de culture, de substituer une matière première à une autre dans la confection d'un objet manufacturé; comme si le pays pouvait être désintéressé dans une question à laquelle se rattachent la sécurité de l'état, sa richesse, la fertilité de son sol, la fortune, l'existence même de ses habitans!

Les propriétaires de bois n'ont pu demeurer silencieux en présence d'assertions aussi erronées, mais offertes avec talent et parées d'un certain voile de popularité. Ils ont cru de leur devoir de les combattre, et, pour le faire avec avantage, ils n'ont voulu se servir que d'armes irrécusables, l'exposé des faits matériels.

C'est dans cette intention qu'ils offrent aujourd'hui au public des *Recherches statistiques sur les forêts de la France*.

Cet ouvrage, résultat d'un long travail, exécuté avec précision et bonne foi, est dû *tout entier* au talent, à l'expérience-pratique de M. Faiseau-Lavanne, honorablement renommé par ses connaissances forestières, et dont le dévouement désintéressé a pu seul vaincre la modestie.

En livrant cet ouvrage au jugement impartial des hommes d'état et des esprits éclairés, les commissaires de MM. les propriétaires de bois complètent la mission dont ils avaient été chargés. Une discussion prolongée serait inutile et inconvenante pour la défense des intérêts qui leur ont été confiés. Leur but n'est pas de séduire par des théories, mais de convaincre par des faits; leur intention n'est pas d'appeler des faveurs sur la propriété forestière, pas même de réclamer des adoucissemens aux lois d'exception qui la régissent, mais d'établir, par l'expérience des siècles, que la conservation des forêts est le moyen naturel de la conservation des empires; de prouver mathématiquement, par l'état actuel de la France, que là où il existe des forêts, là aussi se trouve le plus grand développement de population, d'industrie, de moyens de fortune et de revenu public, et conséquemment moins de toutes ces misères physiques et morales qui pèsent sur l'humanité; de démontrer enfin, par des calculs exacts, que de toutes les propriétés foncières le bois est la plus onéreuse et la moins productive; que l'intérêt du propriétaire, en ce qui touche à la conservation des forêts, est en opposition avec l'intérêt de l'état; que la rigueur des lois prohibitives du défrichement est illusoire contre une volonté suivie de déboiser un sol par le dépérissement; que le seul moyen assuré de conservation des bois, est d'en maintenir la valeur à un taux qui soit en proportion avec celui des autres natures de propriété, et conséquemment qu'il est d'une sage administration, d'un grand intérêt public, de favoriser tous les établissemens, toutes les industries qui ont pour objet la consommation des produits des forêts de la France.

Tels sont le plan et le but de l'ouvrage de M. Faiseau-Lavanne.

Les commissaires délégués par MM. les propriétaires de bois.

Le duc de BASSANO,
Le marquis de LOUVOIS,
Le comte de SESMAISONS,
Le marquis de LÉVIS-MIREPOIX,
Le comte Hector LEPELETIER D'AUNAY.

RECHERCHES STATISTIQUES

SUR LES

FORÊTS DE LA FRANCE.

PREMIÈRE PARTIE.

ABRÉGÉ HISTORIQUE DES BOIS. — ÉTAT ANCIEN.

CHAPITRE PREMIER.

ORIGINE.

Les naturalistes anciens et modernes sont d'accord sur ce point, qu'avant l'origine des grandes sociétés d'hommes, la terre était couverte de forêts (1). Ce fait est attesté par les bois fossiles dont on découvre chaque jour de grands dépôts sur différens points du globe, et notamment en Europe, où il est peu de contrées qui n'en possèdent de grandes quantités plus ou moins bien conservées. Ils sont surtout remarquables en Italie, en Suisse, en Prusse, en Hollande, d'où viennent les tourbes qu'on brûle dans tous les pays, en Irlande, en Angleterre, et en France; et ce à des

Le globe.

(1) *Voyez*, entre autres, de La Métherie, *Théorie de la Terre*, tome II, page 95.

profondeurs plus ou moins grandes. Les uns sont debout, les autres couchés; les uns sont intacts et encore propres à être employés dans les arts; les autres sont passés à l'état de charbon et de bitume; d'autres enfin sont pétrifiés.

Les causes de leur présence dans ces diverses localités appartiennent nécessairement à de grands mouvemens qui se sont opérés dans la nature. Pour les arbres couchés et mélangés d'essences étrangères à celles indigènes, on ne peut croire autre chose, si ce n'est que ces forêts souterraines résultent de déplacemens favorisés par les eaux des mers et des fleuves; et pour les arbres debout et en massif, comme l'exemple s'en trouve dans l'île de Man (dans la mer d'Irlande), dans les pays bas autrichiens, près de Bruges, et dans beaucoup d'autres contrées, elles s'expliquent, soit par l'affaissement des terrains, soit par les atterrissemens produits par des submersions locales. Les bois fossiles se rencontrent particulièrement dans les parties basses, telles que celles où sont les grands marais et les fondrières, et dans la plupart des endroits marécageux.

A ces causes d'un ordre supérieur de la diminution successive des forêts, s'en joint une autre plus active et aussi constante, et dont chaque génération a été témoin, c'est la dégradation des bois par le fait de l'homme, dans les cinq parties du monde.

CHAPITRE DEUXIÈME.

DÉCADENCE ET SES CAUSES.

§ I.

Les principales causes de cette dégradation presque générale résident dans l'accroissement des peuples et les progrès de la civilisation (1). Les

(1) On lit dans le *Dictionnaire Universel* de Corneille, tome II, page 216, que les premiers Grecs vivaient d'herbes, n'ayant aucune connaissance de l'agriculture, et qu'ils

invasions, les dissensions politiques, les incendies (1), le pâturage (2), et l'agriculture (3) en ont séparé, divisé et subdivisé les masses à l'infini.

Ces diverses causes n'ont respecté, dans l'hémisphère occidental, que le nord de l'Amérique, le midi, où les défrichemens ne sont encore arrêtés par aucune loi répressive, étant depuis près de deux siècles en proie aux dévastations de toute espèce; et, dans l'hémisphère oriental, que la région voisine de la mer glaciale, depuis la Norwége jusqu'au Kamchatka (encore entre ces deux points se trouve-t-il quelques déserts sablonneux), et depuis cette mer jusqu'au 51e degré de latitude, à la hauteur de Breslaw. Bernardin de Saint-Pierre, qui a voyagé dans les pays du nord, et de qui

---

décernèrent de grands honneurs à Pelasgus, qui leur apprit à se nourrir *de gland* comme d'un aliment plus sain et plus délicat que les herbes. On induit de là que la Grèce, dont l'origine remonte, selon Strass, au XXe siècle du monde (environ 3,900 ans), était garnie de bois de chêne, et que les défrichemens si désastreux pour les bois, et qui ont pour principe l'agriculture, n'y étaient point encore introduits. Ce n'est que dans le XXVe siècle du monde que l'agriculture a commencé ses progrès en Grèce. Les Grecs avaient leurs Satyres qui habitaient les forêts et les montagnes; on les honorait comme des dieux.

Le gland, dans les temps de disette, a plus d'une fois servi de nourriture aux hommes. Les voyages de Volnay en Syrie le témoignent. Plusieurs provinces en France en firent usage lors de la disette qui se fit sentir en 1709. En Portugal et dans le midi de l'Espagne on mange encore d'une certaine espèce de gland qui se vend dans les marchés. (*Dictionnaire général des Forêts.*)

(1) Danet (*Dictionnaire des Antiquités romaines*) dit que les forêts qui existaient sur le mont Ida, dans l'île de Candie, ont été incendiées par le feu du ciel l'an 73 après le déluge de Deucalion (ce déluge a eu lieu 1500 ans avant J.-C., ce qui fait, jusqu'à nos jours, 3,329 ans), et que les Dactyles, habitans de cette montagne, apprirent à cette occasion l'art de fondre le fer, inconnu jusqu'à ce temps-là. Cependant Strass fait remonter l'art de fondre, de forger et de tremper les métaux, au XXIe siècle du monde, c'est-à-dire 400 ans plus tôt.

(2) Strass fait remonter le soin de nourrir les bestiaux au XVIIIe siècle du monde (il y a 4,050 ans).

(3) Le même auteur date l'invention de l'agriculture, la charrue, la herse et la faulx, de l'an 1,800 du monde (2184 ans avant J.-C., ce qui fait, jusqu'à nos jours, 4,013 ans). Il ne fait remonter les progrès de la culture des champs et des jardins, en Allemagne, qu'en l'an 800 depuis J.-C.

l'on emprunte ces renseignemens (1), nous apprend que les forêts de sapin à cet aspect, descendent au sud jusque dans l'intérieur de la Pologne, où le chêne commence à paraître. Mais, cette étendue exceptée, le reste ne présente plus que des masses attaquées de toutes parts, plus ou moins réduites, souvent anéanties et passées à l'état de désert, selon que les localités sont ou ont été plus ou moins habitées et plus ou moins civilisées. Tel est le tableau que présente particulièrement l'Europe, dans laquelle on se bornera à prendre quelques points de comparaison pour arriver plus promptement à l'état des bois de la France, dont ces recherches sont l'objet principal.

§ II.

L'Europe. *La forêt d'Hercinie*, autrefois célèbre par son immense superficie, qui s'étendait depuis les confins de l'Alsace et de la Suisse jusqu'en Transylvanie (*au-delà de la forêt*), et couvrait la plus grande partie de l'Allemagne, de la Haute-Hongrie et de la Pologne, est aujourd'hui réduite à quelques parties, qui sont le Schwarte-Waldt, ou *la Forêt noire* dans le Brisgaw; l'Odenwald, près d'Heidelberg; le Stagewald, entre Wurtsburg et Bamberg; le Thuringerwald, aux confins de la Thuringe et de la Franconie; le Spesshart, entre Francfort et Fulde; le Westerwald, en Weteravie; le Hartz-Waldt, dans le duché de Brunswick; et le Bohemer-Walt ou la forêt de Bohême, tout autour de la Bohême propre. (*Voyez* Marty, *Dict. d'Holl.*) *La forêt d'Hercinie* se liait naturellement et faisait suite à celles du nord. Il est présumable que leurs limites respectives s'établissaient par le changement subit des essences; on veut dire là où finissait le chêne et où commençait le sapin, selon les remarques de Bernardin.

Le village d'Hercengen, près la ville de Waldsée, situé dans l'intérieur de *la Forêt noire*, témoignerait au besoin que cette forêt était un démembrement de l'ancienne *forêt d'Hercinie*. Il est nécessaire d'entrer dans quelques détails sur cette forêt, parce que c'est par elle que les forêts du nord se liaient à celles d'occident.

La forêt noire forme un vaste pays dans le cercle de Suabe, dont une

(1) *Etudes de la Nature*, tome 1, page 279.

grande partie est cultivée et habitée. Les villes de Rhinfeld, de Seckingen, de Lauffembourg et de Valdshut, ne se nomment *villes forestières* que parce qu'elles étaient renfermées dans la *Forêt noire*, qui avait pour limites : au nord, l'ancien marquisat de Bade, dont quelques parties en dépendaient ; au levant, les anciens comté et duché de Furstemberg et de Wirtemberg ; au midi, le lac de Constance et le Rhin ; et au couchant, le Rhin. Ainsi, l'Alsace était entièrement limitée au levant par *la Forêt noire*, le Rhin entre deux. Aujourd'hui la masse restreinte de cette forêt ne s'étend pas, du sud au nord, au-delà de Fribourg en Brisgaw (1), d'où il suit que, du septentrion au midi, elle a déjà perdu les deux tiers de sa longueur. Quoique cette masse soit ainsi réduite, elle n'en est pas moins regardée de nos jours comme l'une des forêts les plus considérables de l'Europe, tant le sol forestier a éprouvé de pertes sur tous ses points !

La Forêt noire n'était pas, du côté du Rhin, la borne de celle *d'Hercinie* ; selon toute apparence, celle-ci continuait de descendre le cours de ce fleuve jusqu'à l'extrémité de l'Allemagne, dont on a vu qu'elle couvrait la plus grande partie : d'ailleurs les traces en sont encore marquées par la présence de la forêt de Westerwald en Wétéravie, comprise dans le cercle du Haut-Rhin, et qui, comme il a été vu plus haut, était l'un des démembremens de l'ancienne *forêt Hercinienne*.

Ce qui vient d'être dit conduit à cette conclusion : que les forêts du Nord formaient originairement une masse compacte depuis la Mer Glaciale jusqu'au lac de Constance et au Rhin, et que cette masse a éprouvé des altérations d'autant plus sensibles, que les parties qui en ont été l'objet se sont trouvées occupées par une population plus nombreuse et mieux civilisée. C'est l'exemple que présentent la Russie et l'Allemagne, dont le tableau suit (2).

---

(1) Elle ne touche même plus au Rhin dans toute sa partie qui descend de la ville forestière de Rhinfeld jusque vis-à-vis Fribourg.

(2) Les données de ce tableau sont extraites de la *Balance politique du globe en* 1828, par Adrien Balbi. (C'est aujourd'hui ce que nous avons de plus exact en ce genre.) La même observation s'applique à l'étendue et à la population des autres États voisins de la France, dont il sera fait mention dans le cours de ces notes.

EMPIRES.		ÉTENDUE SUPERFICIELLE en MILLES CARRÉS. (*)	ÉTENDUE SUPERFICIELLE en HECTARES.	POPULATION.	NOMBRE D'HECTARES par individu.
RUSSIE	d'Asie	4 413 000	1 518 072 000	7 375 000	206
	d'Europe	1 499 000	515 656 000	52 625 000	10
		5 912 000	2033 728 000	60 000 000	34
ALLEMAGNE, Ses principaux états,	Autriche	194 500	66 908 000	32 00 0000	2 1/10
	Confédération germaniq.	184 500	63 468 000	34 100 000	19/10
		379 000	130 376 000	66 100 000	2

Ainsi l'Allemagne est dix-sept fois plus peuplée que toutes les Russies; elle l'est cent fois plus que la Russie d'Asie et cinq fois plus que celle d'Europe. Il est inutile d'ajouter que la civilisation a fait plus de progrès à l'occident qu'au nord.

§ III.

Les Gaules.

Le Rhin séparait la Germanie, ou l'Allemagne, des Gaules. Avant d'aller plus loin, nous devons entrer dans quelques explications sur l'ancienne distribution de ce dernier pays.

Les Romains, dans le cours de leurs conquêtes, le divisèrent en Gaule Cisalpine et en Gaule Transalpine.

La Gaule Cisalpine, dont ils s'emparèrent l'an 237 avant J.-C., était comprise entre les monts Apennins et les Alpes; et la Gaule Transalpine s'étendait des Alpes au Rhin. Celle-ci fut subdivisée ainsi qu'il suit:

La partie voisine des Alpes, et conquise 125 ans avant J.-C., eut le titre de province des Romains (1). Elle comprenait tout ce qui est entre la Médi-

(*) Le mille géographique est de 60 au degré. Il représente, en mesure itinéraire, 1854 mètres, et en mesure de surface, 344 hectares, à peu de chose près.

(1) C'est la Provence, la Savoie, le Dauphiné, le Languedoc, le Roussillon et le comté de Foix.

terranée, les Alpes, le lac Leman (1), le Rhône, les monts Gébenniens (2), et les Pyrénées. Plus tard elle fut connue sous le nom de Narbonnaise.

Le surplus, qui fut la véritable Gaule, conquis en l'an 50 avant J.-C., fut divisé par César en Aquitanique, Celtique et Belgique.

La Gaule Aquitanique avait pour limites les monts Pyrénées, l'Océan et la Garonne.

La Gaule Celtique séparait la province des Romains de la Gaule Aquitanique, et avait pour limites les Pyrénées, l'Océan, la Seine, la Marne, les monts des Vosges, le Rhône et les monts Gébenniens.

Et la Gaule Belgique comprenait tout ce qui est entre l'Océan, la Seine, la Marne, les Vosges et le Rhin, ce qui enveloppe les pays bas autrichiens.

Ce que nous avons dit plus haut du démembrement de la *forêt Hercinienne*, s'applique plus particulièrement encore aux forêts considérables qui étaient répandues sur toutes les Gaules, et qui en faisaient la continuité; car plus on s'approche du midi et du couchant, et plus les dévastations des bois sont remarquables.

Ces forêts étaient en grande vénération chez les Gaulois : elles étaient l'objet de leur culte religieux, dont les druides (3) étaient les ministres; aussi furent-elles singulièrement respectées par eux, jusqu'au moment de l'invasion des Romains, qui, les premiers, y portèrent atteinte. Le respect des Gaulois pour les forêts avait probablement aussi pour principe le grand intérêt dont elles sont pour la société.

Le commencement de la réduction des forêts gauloises ne remonte donc, pour la Gaule Cisalpine, qu'à 2,066 ans; et pour la Gaule Transalpine, savoir : dans la Gaule Narbonnaise, qu'à 1,954 ans, et dans le surplus, qu'à 1,879 ans.

---

(1) Le lac de Genève.

(2) Les Cévennes.

(3) Borel fait dériver le mot Druïde de *Dru*, vieux mot breton, qui signifie un chêne. C'était aussi l'étymologie que lui donnait César; et ce nom leur venait de ce qu'ils demeuraient et faisaient leurs sacrifices dans les forêts :

« Au milieu du silence et des bois solitaires,
« La nature en secret leur ouvre ses mystères, etc. »

Bren.

Les Romains se maintinrent dans la Gaule Transalpine, jusqu'en l'an 420, époque à laquelle ils en furent chassés par les Francs. Ils n'exercèrent donc leurs ravages sur les bois de cette dernière partie des Gaules que l'espace de cinq siècles environ.

Lorsque les Francs subjuguèrent ce pays, où ils pénétrèrent par la Flandre, leurs princes donnèrent la qualité de *seigneur forestier*, avec une partie de cette province, à leurs plus braves capitaines. Cette qualité de *seigneur forestier* dura jusqu'à Charles-le-Chauve, vers le milieu du IXe siècle, époque où la Flandre étant érigée en comté, le titre de *forestier* fut changé en celui de *comte* (1). Ce titre de *forestier* atteste d'une manière trop positive l'existence des forêts dans cette contrée, pour que nous cherchions à en donner d'autres preuves.

Jetons maintenant un coup d'œil sur l'état des bois dans les diverses parties de la Gaule Transalpine.

Gaule Belgique. La Gaule Belgique, le théâtre des premiers succès des Francs, comprend la *forêt des Ardennes*, qui jouait le second rôle en Europe après la *forêt Hercinienne*, et qui d'ailleurs n'en était séparée que par le Rhin. Cette forêt, encore fameuse dans le moyen âge, par sa vaste étendue et par les délassemens que s'y procurait Charlemagne, s'étendait alors du sud-ouest au nord-est, du Rhin à Reims, et du sud-est au nord-ouest, de la Moselle à la Meuse; elle dépassait même ces deux fleuves pour pénétrer à l'est de la Moselle, dans l'archevêché de Trèves, jusqu'au Rhin qu'elle remontait, dit-on, jusqu'aux Vosges, et, à l'ouest, de la Meuse jusqu'au Tournesys en Flandre. Buffon (2) rapporte une circonstance curieuse, qui doit trouver ici sa place. Voici ce qu'il dit : « Auprès de Bruges, en Flandre, en fouillant « à quarante ou cinquante pieds de profondeur, on trouve une très grande « quantité d'arbres aussi près les uns des autres que dans une forêt; les « troncs, les rameaux et les feuilles sont si bien conservés, qu'on distingue « aisément les différentes espèces d'arbres. Il y a cinq cents ans que la « terre où l'on trouve ces arbres était une mer, et avant ce temps-là on n'a

(1) *Voyez* l'état des Provinces-Unies du chevalier Temple; et Romuald, sous les années 796 et 880.

(2) *Histoire naturelle*, tome II, page 403.

« pas de mémoire ni de tradition que jamais cette terre eût existé. Cependant il est nécessaire que cela ait été ainsi dans le temps que ces arbres ont « crû et végété; ainsi le terrain qui, dans les temps les plus reculés, était « une terre ferme couverte de bois, a été ensuite couvert par les eaux de la « mer qui y ont amené quarante ou cinquante pieds d'épaisseur de terre, et « ensuite ces eaux se sont retirées. »

On pourrait induire de là que *la forêt des Ardennes* ne s'arrêtait pas primitivement au Tournesys, qu'elle se poursuivait jusqu'à la mer du Nord, et qu'ainsi elle occupait, sinon la totalité, du moins la majeure partie de la Gaule Belgique.

Dès le commencement du 18e siècle, cette forêt était déjà restreinte par de nombreux défrichemens, signalés par Corneille (Dict. Univ.), au duché de Luxembourg; à la partie méridionale de l'évêché de Liége et du comté de Hainaut, et à la partie septentrionale de la Champagne, ce qui faisait encore une étendue de trente-cinq lieues. Mais aujourd'hui la *forêt des Ardennes*, proprement dite, ne s'étend plus au midi, à partir des environs de Thionville, que sur les départemens de la Moselle, de la Meuse et des Ardennes, qu'elle traverse sans s'élever même au septentrion jusqu'à Liége. Sa principale largeur est de Bastogne (à sept lieues nord-est de Neufchâteau) à Arlon (à cinq lieues nord-ouest de Luxembourg). L'un de ses démembremens remarquables est dans la principauté de Châteaurenault, où l'on tient qu'il était anciennement d'une étendue de soixante mille arpens, mesure royale. Le mesurage qui en a été fait en 1581 restreignait cette contenance à quarante-deux mille arpens, et en 1727, cette étendue n'était déjà plus que de vingt-huit mille arpens (1). Ces réductions successives indiquent avec quelle activité les défrichemens se sont opérés sur ce point, et avec quelle rapidité ce démembrement court à sa ruine entière.

Les bois en Belgique ont fait place à un autre combustible souterrain qui donne à ce pays l'aspect d'un grand arsenal, par la fumée épaisse que la tourbe y répand, et qui obscurcit un beau ciel, auquel la verdure des bois prêtait encore des charmes.

---

(1) *Dictionnaire général des Forêts*; tome 1er, page 21.

De toute la Gaule Belgique française, la contrée la plus boisée de nos jours est, au levant, la Lorraine et l'Alsace; encore ces deux provinces présentent-elles à peine le tiers de leur surface en bois. Plus on se rapproche du couchant, à partir de Bar-le-Duc et de Verdun jusqu'à la Manche, plus la proportion entre les bois et les terres diminue; elle n'est généralement entre ces points que d'un neuvième.

Passons maintenant à la Gaule Celtique :

Gaule Celtique. Cette contrée, la plus vaste de toutes les Gaules; puisqu'elle comprend environ les deux tiers de la France, était particulièrement gouvernée par les *druides;* ce nom seul imprime sur le sol de cette province son genre de production primitive; car les *druides,* qui étaient versés dans la théologie, l'astrologie, la géographie et la politique, ce qui les rendait arbitres de tout, faisaient leurs demeures habituelles dans la profondeur des forêts, y étudiaient et enseignaient les sciences, y méditaient leurs décrets : c'était le lieu de leurs sacrifices et de la tenue de leurs assemblées générales et particulières. Les points de leur séjour sont encore marqués sur les confins de la Bourgogne et du Nivernais par le bourg de *Druyes,* situé au sud de la forêt de Frétoy, et par la ville de *Dreux* (construite, dit-on, par *Drius*, leur instituteur), située sur les confins de l'Isle de France et de la Normandie, et dans le voisinage de la forêt de Dreux, à sept lieues nord-ouest de Chartres.

Les druides s'assemblaient tous les ans, à certaine saison, dans le pays des Carnutes (ou pays Chartrain), dont *Dreux* dépendait, et, après avoir terminé tous les différends des peuples, ils allaient solennellement recueillir le guy de chêne qu'ils offraient à Jupiter. On voit encore dans l'église cathédrale de Chartres l'antre où ils faisaient leurs sacrifices à une vierge qui devait un jour enfanter.

Entre Chartres et Saint-Arnoul existait, et existe encore en partie, *la forêt Iveline,* appelée par les Latins *Ivelina ou Aquilina Silva;* elle s'étendait, vers la fin du IXe siècle, jusque près de Montfort. Son importance permettait que les rois s'y procurassent les plaisirs de la chasse. C'est dans cette forêt qu'en 884 Carloman, fils d'Henri II, fut blessé par un sanglier, ou par un dard que tira quelqu'un de sa suite. Maty (Dict. d'Holl. 1701) nous apprend que cette forêt était déjà presque toute défrichée vers la fin du XVIIe siècle; ce qui fait encore supposer qu'elle était extrêmement vaste puisque la portion qui en reste aujourd'hui a encore une étendue de 1958 hectares (1) confrontant la forêt de Rambouillet.

Ces détails, qui semblent s'écarter du sujet de ces notes, conduisent cependant à démontrer que le couchant de la Gaule Celtique était couvert de forêts importantes, puisque les *druides* avaient choisi cette contrée comme centre de leurs assemblées générales; elles expliquent aussi les causes de la destruction de ces forêts, en prenant pour exemple celle d'*Iveline* ou des *Ivelines*, qui, par son voisinage de Chartres, était naturellement le lieu consacré aux sacrifices des *druides*, et d'autant moins sujette aux dilapidations qu'elle a toujours été sous la main du gouvernement. Aujourd'hui cet aspect est presque entièrement découvert de Chartres à Cherbourg, à Brest et aux sables d'Olonne.

En vain objectera-t-on la présence, entre autres, des forêts de Senonche, de La Ferté-Vidam, de Dreux et de Châteauneuf, de Lyre, Breteuil et Conches; d'Eu, d'Eawy, de Brotonne et de Roumare; de Cerisy et de Gavray; d'Écouves, de Perseigne et de Charnie; de Rennes, de Gâvre, d'Hunaudière et de Carnoet; et celles de Baugé, Chandelais et Monnaye, dont la plupart présentent des contenances assez considérables: ce sont des points dans l'immensité, noyés dans les plaines de la Beauce, de la Normandie, du Maine et du Perche, de la Bretagne et de l'Anjou.

Comme cette observation est plus ou moins applicable aux autres parties des Gaules, nous ne la répéterons plus.

La portion de l'Ile de France qui lie la Beauce à la Gaule Belgique représente encore l'image d'une vaste forêt déchirée de toutes parts par l'immense population qu'elle renferme dans son sein. Ce qui a échappé à la main de l'agriculteur ne doit son salut qu'à l'opulence qui depuis long-temps en est en possession. Les grands cantons, les parcs et boqueteaux, encore existans, ressemblent à des lambeaux épars sur le sol. Tels sont principalement *les bois et forêts de Rambouillet*, voisine de la *forêt des Ivelines*, de *Versailles*, de *Saint-Germain*, de *Marly*, *d'Ourdan*, des *Charmeaux*, de *Sainte-Geneviève*, de *Sénart*, d'*Armainvilliers*, de *Fontainebleau* et autres, en deça

---

(1) *Mémorial forestier* de 1828, p. 20 et 21.

de la Seine et de la Marne, qui n'étaient qu'une continuation de la *forêt des Ardennes*, et qui lui servaient d'intermédiaire pour l'unir à celle d'*Orléans*.

Pour se faire une juste idée des pertes que les bois ont faites dans cette contrée, il suffit de lire le mémoire sur la *forêt de Fontainebleau*, que M. Noël a mis au jour en l'an IX. Cette forêt avait éprouvé à cette époque tous les genres de dévastation attachés à l'abus du pâturage, aux défrichemens, aux usurpations, et à la surcharge du gros et du menu gibier. Indépendamment des pertes qu'elle avait pu faire par les empiétemens, elle comportait en 1796 plus du ¼ de son étendue en vides et rochers, sa contenance générale étant alors de 16,635 hectares, renfermant 4,210 hectares de vides.

La forêt d'Orléans est maintenant une forêt du premier ordre. Après celle des *Ardennes*, il n'en existe pas de plus considérable depuis le Rhin jusqu'aux Pyrénées, et même dans toute la France. Cette forêt a fait de son côté des pertes immenses. Les plus anciennement connues remontent à 1554. De cette époque à 1602, il en a été aliéné environ 16,000 arpens, qui avaient été convertis en vides par les dévastations. L'arpentage qui en a été fait en 1671 élevait son étendue à 121,000 arpens, dont le 1/5e était en état de récépages, landes et bruyères. Les bois du tréfond du roi entraient dans cette étendue pour 65,000 arpens, et lors de la réformation qui a eu lieu en 1721, cette quantité était déja réduite, par les pertes faites sur ses contours seulement, à 47,774 arpens. En 1789, cette dernière étendue était restreinte à 46,000 arpens dont 6,000 en récépages et brulis. Le surplus de la forêt a dû faire des pertes dans la même proportion; d'où il suit que, depuis 1671 jusqu'en 1789 (dans l'espace de 128 ans), ces pertes se seraient élevées sur son périmètre, seulement, à 36,000 arpens, à peu près le ⅓ de l'étendue générale. Ces pertes s'élèveraient peut-être à plus de moitié, si l'on tenait compte des dégradations intérieures (1).

Le *Gastinais* qui a pour limite au nord la Beauce, et qui est compris dans l'Orléanais et la partie méridionale de l'Isle de France, est un nom caractéristique des excès qui se sont commis dans les forêts de cette contrée; il réunit

---

(1) *Traité général des eaux et forêts*; 2e partie, tome 1er, p. 23.

en lui tous les signes du désordre. La ruine, la dévastation, le ravage, le dégât et la dissipation, en sont les véritables acceptions (1).

On passe de l'Orléanais dans le Berry par la Sologne, qui dépendait plus particulièrement de la première province. La Sologne est un vaste désert qui jadis était couvert de bois, ainsi que l'indique encore le bourg de *Mèri-ès-Bois* (en Berry), qui est aujourd'hui placé au milieu d'une plaine immense de bruyères, et ainsi que l'attestent une foule d'anciens titres, parmi lesquels on citera : 1° Un plan du 28 février 1538, *du bois des Marois*, assis en la paroisse de *Mèri-ès-Bois* contenant en bois de haute futaie 465 arpens (2). 2° L'acte de partage de ce bois, du 31 décembre 1573, entre les religieux de la sainte chapelle de Bourges et l'illustre Sully, à cause de sa terre de la chapelle d'Angillon; cet acte qui fait étendre *le bois des Marois* jusque près du bourg de *Mèri-ès-Bois*, est dit jouter à un autre *bois des Marmouthiers* et aux *usages de Villebéon* (3). 3° Un terrier de la chapelle d'Angillon de 1604, exprimant les droits d'usages sur *le bois de Villebéon*. 4° Un ancien plan de ce bois, appartenant à la fin du 16e siècle, et attribuant à ces usages une étendue de près de 2,000 arpens, sur lequel on voit que les *taillis de l'abbaye de Lorrois*, aujourd'hui les Ruesses de Prély, venaient aboutir au sud-ouest, ainsi que *le bois du Parc-Neuf*, dans lequel le même Sully vendit, pour la consommation des forges d'Ivoy, 250 arpens de bois par acte du 5 décembre 1639 (4).

Les bois des Marois, *des Marmouthiers*, *de Villebéon* et *du Parc-Neuf* ont tout-à-fait disparu du sol; quelques cépées de chênes rabougris marquent seulement, dans les Ruesses de Prély, l'existence ancienne sur ce point des *bois de l'église de Lorrois*, et tous ces bois réunis, qui formaient plusieurs milliers d'arpens, confondent leur sol stérile et couvert de bruyères avec un sol semblable, qui a sans contredit éprouvé les mêmes accidens, s'étendant au nord-ouest jusqu'à Salbris et au-delà; au

---

(1) *Voyez* la définition des mots *gast*, *gastines* et *gatis*, dans le *Glossaire de la langue romane*, par Roquefort.

(2) Ce plan est déposé aux archives du département du Cher.

(3) *Idem.*

(4) Ces derniers actes sont joints à des pièces de procédure déposées au greffe du tribunal de Cosne (Nièvre).

nord de ce pays jusqu'à la Motte-Beuvron et par-delà ; et au sud, jusqu'aux portes de Vierzon.

Le Berry, que Mirabeau a improprement qualifié de Sibérie de la France, ne doit cette épithète qu'au dépeuplement de ses bois, dont une très grande partie est convertie en landes, bruyères, gâts et gâtis (1). Cette dernière circonstance prouve que l'exercice immodéré du pâturage, stimulé plus qu'ailleurs par l'éducation de la bête à laine, dont le Berry fait un grand commerce, y a causé au moins autant de ravages que la charrue. Mais l'un et l'autre ont agi simultanément dans cette province avec une activité incroyable, surtout à l'égard des bois communaux, ou grevés de droits d'usage. Quelques exemples, que l'on puisera dans le centre même de cette province et dans le voisinage de sa capitale, qui est elle-même le point-milieu de la France, suffiront pour justifier cette observation.

1° *L'ancienne forêt de l'Espinasse*, située entre les villes de Lignières et Saint-Amand, contenait, suivant un rapport d'expert du 31 mai 1823, onze cent-neuf hectares quarante-six ares provenant des abbaye, prieuré et couvens de Bourg-Dieu, d'Ineuil, de la Prée et de Morlac, et était grevée de droits d'usage envers les communes de Chambon, Ineuil et Morlac. Cette forêt, ainsi que l'indique un rapport de M. le conservateur du neuvième arrondissement forestier, du 26 août 1822, était intacte en 1760. D'ailleurs, si l'on consulte la carte de Cassini, qui a été exécutée en 1756 dans le Berry, on y reconnaîtra facilement cette forêt sous le nom de *Bois de l'Epinasse* et dessinée en élévation comme tous les autres bois. Elle vient de disparaître tout-à-fait du sol pour faire place à cent dix-huit habitations occupées en 1823 par trois cent quarante-six individus qui l'ont défrichée dans tous les sens.

2° *Le bois de l'Isle Tatelin*, compris entre deux bras du Cher, près de Châteauneuf, fournissait naguère aux constructions de cette ville. C'était un bois appartenant au seigneur de Châteauneuf, grevé de droits d'usages envers la ville de ce nom, et qui est aujourd'hui entièrement réduit à l'état de culture.

---

(1) Ces dernières expressions sont rapportées dans de très anciens titres concernant le village de Davet, situé commune de Mennetou-Salon.

3° *Le Bois Dieu* (Bois Dé), qui a été l'objet d'un partage entre les religieux de Noirlac et le seigneur d'Orval, et dont la portion afférente à celui-ci est figurée dans un plan de Legendre du 30 septembre 1735, contenait au total environ quatre mille arpens. On voit par un bail du 17 novembre 1676, passé entre les religieux et les habitans de Chavannes, que ce bois était alors en pleine valeur, ce qui est encore constaté par une reconnaissance du 16 décembre 1698. Depuis cette dernière époque, ce bois fut livré au parcours des animaux de toute espèce; on n'en excepta pas même les brebis et les chèvres; aussi ce bois est-il aujourd'hui dans un état de ruine complète. Ce qui n'y est pas cultivé (et c'est la plus grande partie) est en landes; les 19/20e de son étendue ne présentent pas une seule cépée de bois.

4° *Les bois communaux de Saint-Germain des Bois*, dont l'étendue originaire était de 1,141 hectares 55 ares, suivant un procès-verbal d'expert du 12 avril 1812, et qui sont le résultat d'un partage entre les habitans et le seigneur, ordonné par arrêt du parlement du 31 août 1630, sont restreints aujourd'hui au quart de leur étendue et même moins, les 3/4 étant pour la plupart couverts d'habitations, laboures et en friche; encore le dernier quart est-il en état de récépage.

Ces quatre exemples se succèdent dans un espace de moins de 5 lieues. Dans leur voisinage, l'administration forestière cherche vainement et depuis long-temps l'emplacement *du bois Gimonet*, que l'on pourrait peut-être trouver au couchant de *l'ancienne forêt de l'Epinasse* dont il aurait partagé le sort. La vaste *forêt de Glénon* n'y laisse aucune trace de son existence : elle a fait place à d'immenses bruyères qui ne portent même plus le nom de cette ancienne forêt.

Si l'on abandonne cette localité pour s'étendre plus au loin, on se demande ce que sont devenus les bois usages de Bouis qui appartenaient aux religieux de Fontmorigny et qui sont aujourd'hui envahis de toutes parts par l'agriculture et le pacage. On se demande ce qu'est devenue la forêt d'Heugnes, située près de Châtillon-sur-Indre, d'une étendue d'environ 6000 arpens, comprise entre les bourgs de Cloé, d'Heugnes, de Villegouin et de Préault; on ne voit plus dans cette contrée qu'un vaste désert. On se demande encore ce que sont devenus les bois qui existaient dans la *Brande forestilles* sur *celle des Cloux;* et tant d'autres dont l'énumération, pour le Berry seulement, couvrirait plusieurs pages.

La majeure partie des bois communaux et usagers encore existans, et qui sont considérables dans cette province, couraient à ce néant, lorsqu'une administration sage, éclairée, ferme et vigilante, vint arrêter les progrès du mal et soustraire des communes à des privations dont elles étaient si près de sentir les funestes effets. Mais la restauration de ces bois, qui étaient généralement en rabougris, est si voisine de nous, que le plus léger événement peut ramener des habitudes que les agens du gouvernement ont eu tant de peine à écarter.

Les principales forêts du Berry sont celles qui, avant la révolution, dépendaient de l'apanage de Mgr. le comte d'Artois, aujourd'hui S. M. Charles X. Elles se divisaient en trois parties, savoir :

1º Les bois de la maîtrise particulière de Vierzon et gruerie d'Allogny, d'une étendue ensemble de..........................	15,285 arp.	74 perch.
2º Les bois de la maîtrise d'Issoudun, de......	3,917	75
3º Et les bois du duché de Châteauroux, de...	22,801	»
Total général......	42,004	49

Ces contenances résultent des plans dressés de 1784 à 1790, en exécution des arrêts du conseil d'état du roi, des 19 octobre 1779 et 6 avril 1784, et d'après les ordres de l'administration du prince.

Les bois dont il s'agit n'ont pas été plus exempts que les autres des dévastations qui s'y sont plus particulièrement manifestées par l'abus excessif du pacage, surtout dans ceux faisant partie de la maîtrise de Vierzon. Le procès-verbal de réformation de ces bois, de 1670, indique bien l'abandon fait aux riverains, pour le pacage de leurs bestiaux, d'une immense quantité de friches, à la charge seulement par les concessionnaires de les séparer des parties plantées en bois, par un bon fossé; mais l'étendue n'en est point déterminée.

Le procès-verbal d'arpentage et d'aménagement, approuvé par le grand maître des eaux et forêts, le 14 juin 1786, assigne aux vides de tous les bois de cette maîtrise une étendue de 3,931 arpens 1/2, ce qui fait plus du 1/4 de leur étendue générale. Ces vides sont principalement su les contours des diverses forêts. Le procès-verbal exprime de plus, à l'égard de l'une des masses de la gruerie d'Allogny (la forêt de Haute-Brune, d'une étendue totale de 2,558 arpens 74 perches), que 689 arpens sont en culture et arrentés sous le nom de *la Forêt aux habitans de Saint-Martin d'Auxigny*, et que 200 arpens en friches de la même forêt sont abandonnés pour le pacage des bestiaux; d'où il suit que cette seule masse avait déjà perdu en 1786 plus du 1/3 de son étendue.

D'un autre côté, la forêt de Châteauroux, haute et basse, dont l'étendue, d'après les plans d'aménagement de 1786, était alors de 13,065 arpens, est aujourd'hui réduite, par les aliénations, à 10,600 arpens, encore cette dernière quantité comporte-t-elle 300 arpens de vide.

Ainsi donc, de quelque côté que l'on jette les regards, on ne voit que l'image de la destruction des bois, et la majeure partie du sol dépouillée, frappée d'une stérilité absolue.

Nous venons de faire une longue station dans le Berry, parce que c'est à cette province, dont on ne séparera pas la forêt de Tronçais qui la confine au midi, que viennent se perdre les traces des forêts que l'on a suivies depuis la Mer glaciale; et c'est là qu'on peut puiser toutes les causes de la dégradation des autres bois situés dans les provinces occidentales et méridionales. La forêt de Tronçais, située dans le Bourbonnais, contient environ 20,000 arpens qui sont probablement aussi les restes d'une plus forte masse, ainsi que l'indiquent encore ses vides extérieurs et intérieurs. Elle est, pour ainsi dire, la borne du plein bois de la Gaule celtique, qui s'étend depuis les Vosges, sur la Franche-Comté, sur une partie de la Champagne et de la Bourgogne, et sur le Nivernois et le Berry; encore ce plein bois n'équivaut-il pas au 1/4 de la surface générale de ces diverses provinces. Quoi qu'il en soit, la Gaule celtique ne comporte pas partout ailleurs de pays plus boisés que ces provinces; et depuis les sources de l'Indre jusqu'à celles de l'Arriége, comme depuis le Rhône jusqu'à l'Océan, les bois sont espacés à de si grandes distances ou si morcelés, qu'on peut considérer les provinces comprises entre ces points comme les vides et clairières d'une grande forêt en ruine, faisant suite à ceux déjà signalés dans les provinces à l'occident de Chartres. Cependant, dans ce pays, tout atteste l'existence d'anciennes et vastes forêts dont la tradition nous transmet encore les noms : témoin le Poitou où les forêts de Laus, de Chavaigne, de la Doussière, la petite forêt du Roi, et celles de Guillemans, de Jean d'Hasson et de la Gâtine ont fait place à une mer immense de bruyères (1).

Le Haut-Poitou a aussi, comme l'Orléanais et l'Isle de France, son pays de gastine dont la capitale est Partenay; il comportait anciennement soixante paroisses qui s'étendaient sur 14 lieues de long et 9 lieues de large (2).

Ici se terminent les remarques sur les forêts de la Gaule celtique. Nous allons entrer dans la Gaule aquitanique.

Gaule aquitanique.

Cette troisième partie de la Gaule transalpine, qui comprend la Gascogne et le Béarn, est d'une étendue territoriale d'environ 4 millions d'hectares, sur laquelle il n'existe plus qu'environ 550 mille hectares de bois (moins du $^1/_7$ de la surface générale).

Ici le déboisement se fait remarquer d'une manière encore plus sensible que partout ailleurs par un immense désert appelé les Landes, dont la portion appartenant à l'Etat seulement s'étend sur une longueur d'environ 50 lieues du littoral de l'Océan et sur 3 lieues de largeur. On ne peut douter que ce désert ait été anciennement couvert de bois; son sol a été reconnu propre à cette production, puisque le gouvernement s'occupe à le repeupler de pins; ce qui, avant et depuis la révolution, a déjà été exécuté sur 12 à 15 mille hectares (3).

Les forêts remarquables de cette contrée sont celles des Pyrénées qui se prolongent, par le pays de Foix et le Roussillon, sur la Gaule narbonnaise. Ces forêts n'ont pas été, plus que les autres, exemptes de dévastations qui proviennent, selon M. Dralet, des incendies, des défrichemens et de l'abus du pâturage.

Il résulte des observations faites par M. Baudrillard (4) sur ces forêts :

1° Que les bois domaniaux étaient, vers la fin du seizième siècle, de 246,600 hectares; 2° qu'en 1670, aux termes des procès-verbaux de

---

(1) *Dictionnaire général des Forêts.*

(2) Davity, Poitou.

(3) *Mémorial forestier* de 1828, note de la page 18.

(4) *Traité général des eaux et forêts;* 2e partie, tome 1er, page 15 et suivantes.

M. de Froidour, elles étaient diminuées de moitié, c'est-à-dire restreintes à.. 124,300

3° Que la révolution avait aggloméré à cette moitié les bois du clergé et des émigrés, s'élevant ensemble à.................. 50,000

Total.......... 174,300

4° Que les brûlemens et les défrichemens continués depuis 1670, jusqu'à la fin de la révolution, se sont élevés à......... 51,300

En sorte qu'il ne restait plus en 1812 que....... 123,000

Au lieu, d'une part, contenance originaire. 246,600 }
Annexes de la révolution................ 50,000 } 296,600

d'où il suit une perte évidente de plus des $^{2}/_{3}$ pendant l'espace de deux cent quarante ans seulement.

5° Que les bois des communes ont éprouvé une réduction encore plus considérable par l'effet des partages et des défrichemens opérés dans la révolution, et que leur étendue réduite est de.. 156,796

6° Enfin que les bois des particuliers qui sont de deux classes, savoir :

Ceux grevés d'usage en faveur des communes, de 40,000 h. }
Et ceux non grevés, de.............................. 83,000 } 123,000

Total général, d'après l'état actuel......... 361,796

Le même auteur ajoute, d'après M. Dralet, « Qu'il y a des contrées « où l'on a tant défriché, tant extirpé et dilapidé les forêts, qu'elles sont « aujourd'hui insuffisantes pour donner aux communes le plus simple né« cessaire, et que le gouvernement, qui a la propriété de ces forêts, n'en « retire pas assez de revenu pour fournir aux frais de leur garde ; que « quantité de hameaux restés sans ressource pour le chauffage, par suite de « la destruction totale des forêts, *ont été abandonnés par les habitans.* »

M. Baudrillard compare ensuite les Pyrénées françaises avec les Pyrénées espagnoles et fait l'éloge de la meilleure conservation des forêts de celles-ci, observant qu'en général les bois de ce royaume ont reçu moins d'atteinte que dans le surplus des pays méridionaux de l'Europe. Il en attri- Espagne.

bue la cause au peu de progrès de l'agriculture et à la passion de ses souverains pour la chasse ; mais il néglige une remarque essentielle : c'est que la population de l'Espagne n'est que des $^3/_7$e de celle de la France, bien que les deux territoires soient égaux en surface, à $^1/_{10}$e près (1).

Angleterre. Cette circonstance reçoit particulièrement son application pour l'Angleterre qui, dit-il, couverte de bois avant l'invasion des Romains, a été depuis mise à nu. Notez que l'Angleterre réunie à l'Écosse et à l'Irlande est d'un tiers moindre en étendue que l'Espagne, et que cependant sa population totale est de 23,400,000 individus, c'est-à-dire près du double de celle de l'Espagne, qui ne compte qu'un individu par 3 hectares $^2/_5$e de surface, tandis que les trois royaumes réunis d'Angleterre, dont l'étendue est de 90,948 milles carrés, ou 31,286,112 hectares, en comptent 1 par 1 hectare $^1/_3$.

Il nous reste maintenant à examiner la quatrième et dernière partie de la Gaule transalpine.

Gaule narbonnaise. La Gaule narbonnaise, primitivement la province des Romains, renfermait le Languedoc, le comté de Foix, le Gévaudan, le Velai, le Vivarois, la Provence, le Dauphiné, et la Savoie.

Ces provinces réunies, moins la Savoie, présentent une surface approximative de 9,000,000 d'hectares, sur lesquels il n'existe plus aujourd'hui qu'environ 1,100,000 hectares de bois de toute nature, ce qui en fait à peu près la huitième partie. Elles ont subi comme partout ailleurs tous les genres de dévastation qui ont donné lieu en 1792 à de vives réclamations adressées au comité d'agriculture. Les traces de ces excès sont particulièrement remarquables dans le Languedoc par les déserts immenses qui s'y rencontrent. Dans cette province, ainsi que dans le comté de Foix et le Dauphiné appuyé aux Alpes, les défrichemens des montagnes ont causé le ravage d'une grande quantité de terrains par les avalanches, les torrens

---

(1) La population de la France était, en 1828, de 31,813,171 individus;
Celle de l'Espagne, de........................... 13,900,000;
Et la France n'a qu'un dixième de plus de surface que l'Espagne. Son étendue territoriale étant de 53,702,870 hectares, c'est par individu 1 hectare 7 dixièmes. Tandis que l'étendue de l'Espagne est de 137,400 milles carrés ou 47,265,600 hectares; c'est par individu 3 hectares 2 cinquièmes.

et les inondations. Là où le bois était abondant, on est réduit à cultiver le genêt (1). Dans la Provence, l'abus des défrichemens et du pâturage des bêtes à laine a été poussé si loin, que la disette du bois de chauffage se fait sentir de toutes parts.

On n'abandonnera pas les Alpes sans jeter un regard sur la Gaule cisalpine et sur l'Italie en général. Si l'on en excepte le royaume de Naples et la Sicile, où les peuples ont senti la nécessité de conserver leurs bois, pour se préserver des désastres dont leurs voisins sont si souvent les victimes par leur imprudente cupidité, ce pays est entièrement dépouillé de ses plus belles forêts. Les Alpes, les Apennins et les autres montagnes plus ou moins importantes, ainsi que les principales collines, sont mises à nu ; et les effets qui se rattachent à ce déboisement inconsidéré sont signalés par des avalanches, des torrens, des éboulemens et des attérissemens de rivières qui causent les plus grands ravages sur les différens points, et notamment dans le Piémont, la Ligurie et la Toscane (2). La dépopulation est la conséquence certaine de ces désastres, et plus d'une localité le témoigne en Italie. Gaule cisalpine et Italie.

La masse des forêts dans l'Isle de Corse, voisine de la Sicile, a été affaiblie comme partout ailleurs; l'étendue territoriale de cette île est de 980,510 hectares dans laquelle les forêts n'entrent que pour 33,930 hectares ou pour 1/34e. Ces forêts sont privées de moyens d'exploitation, et par cela même presque sans valeur pour l'Etat; on les laisse croître et se perdre en futaie. Corse.

Les différentes remarques qui viennent d'être faites sur le sol forestier en général démontrent la rapidité avec laquelle les bois courent de toutes parts à leur fin, principalement dans les lieux où la population est généralement plus abondante et où la civilisation a fait plus de progrès. Des causes que nous avons suffisamment développées, passons à leurs résultats.

---

(1) Département de la Lozère.

(2) « En 1718 la montagne de Conto, l'une des Alpes rhétiennes, ensevelit en un « instant sous ses ruines le bourg de Pleurres et le village du Chitteau, avec leur popula- « tion et une grande étendue de territoire. Les premières années de ce siècle ont été « signalées par des événemens de cette nature, non moins déplorables. Les Apennins « et leurs dépendances présentent aussi une suite nombreuse d'éboulemens. (*Extrait « du Dictionnaire général des Forêts*, tome 1er, page 12.) »

CHAPITRE TROISIÈME.

DES EFFETS.

L'excessive réduction des masses de bois conduit tôt ou tard les empires à leur décadence; et là où elles ont déjà disparu en entier, la stérilité la plus absolue et l'anéantissement de l'espèce humaine ont succédé aux Etats les plus florissans : tant la présence des forêts sur le sol est nécessaire à la prospérité générale, autant par l'heureuse influence qu'elles exercent sur la température que par les ressources que l'homme y puise pour toute espèce de besoins!

C'est ainsi qu'en Afrique, l'Egypte, l'un des plus anciens et des plus beaux royaumes du monde, et peuplé alors d'hommes les plus éclairés dans les sciences exactes, s'est laissé envahir presque entièrement par les déserts qui l'avoisinaient; ce qui, plus que toute autre cause, a obligé ses souverains à changer plusieurs fois de capitale, abandonnant successivement Thèbes ruinée, la superbe Memphis détruite de fond en comble, et la fameuse Alexandrie presque entièrement ensevelie sous ses ruines, pour venir se fixer au Caire, et y passer en 1517 sous la domination turque. Cet ancien royaume, dont l'étendue peut être comparée à la moitié de la France, et plus, ne compte maintenant, selon Vosgien, que 3,000,000 d'habitans, dont l'ignorance est aussi profonde que le génie de leurs devanciers était vaste. Ce peuple, particulièrement dans la Haute-Egypte, est affligé d'une infinité de maladies qui ont pour cause l'absence des pluies que les forêts n'y attirent plus.

C'est ainsi qu'en Asie, la Palestine, anciennement le pays de Chanaan, qui a été le berceau du monde, la terre promise, et le théâtre des événemens les plus mémorables, si l'on en excepte aujourd'hui les environs de Jérusalem, est dans l'état le plus déplorable; tout y est empreint des signes de la stérilité et de la destruction, les sources et les ruisseaux cessent d'y donner en été. Si l'on pénètre dans l'Anatolie, où l'on a vu autrefois les monarchies si vantées de Crésus, d'Antiochus, d'Attalus et de Mithridate, cette contrée ne présente plus, depuis les Dardanelles jusqu'en Phénicie, que des terres incultes et inhabitées, des châteaux, des villes et des bourgs en ruine. La magnifique Ephèse n'est même plus qu'une très-petite cité; Smyrne seule tombe et se relève alternativement, et survit ainsi à son ancienne splendeur (1). La peste désole cette malheureuse contrée, depuis que les chaleurs n'y sont plus tempérées par la présence des bois nécessaires qui, par leurs feuilles, absorbent les miasmes et rendent à l'air sa fraîcheur et sa pureté.

C'est ainsi enfin qu'en Europe, les Hellènes, ce pays que l'on a regardé comme la troisième monarchie du monde, fertile et abondant en toutes choses, le séjour des sciences et des beaux-arts, habité par une population considérable et énergique; c'est ainsi, disons-nous, que ce pays est depuis des siècles presque entièrement inculte et abandonné. Les belles forêts qui décoraient ses montagnes, ont disparu avec la terre végétale qu'elles y retenaient, et laissent à découvert un sol sec et aride et tellement dégradé par le temps, que les rochers seules se montrent de toutes parts pour en ralentir les ravages (2). Partout on ne voit que l'image de la destruction! Argos, Thèbes, Mégare, Mycène, Corinthe, Sparte et tant d'autres villes célèbres, ou ont tout-à-fait disparu du sol, ou n'y sont plus marquées que par de simples bourgades, prêtes à s'écrouler sur les monceaux de ruines dont elles sont environnées. Athènes, l'ancienne école de la Grèce, est à peine debout : et de toutes les vertus dont cette patrie se glorifiait, le courage opiniâtre est, pour ainsi dire, la seule qui survive à tant d'illustrations.

L'histoire nous transmet les principales causes de la destruction des forêts de ces riches contrées; elle les rattache aux guerres désastreuses qui ont long-temps existé entre Xercès, Darius et Alexandre, qui les ont à l'envi incendiées et ravagées, soit pour éviter des embûches, soit pour ralentir la marche du vainqueur, soit enfin pour rendre le spectacle du triomphe plus imposant.

Ces divers États jadis si florissans, et aujourd'hui languissans et débiles, aperçoivent de près la fin qui les attend, dans les vastes déserts de l'Asie et de l'Afrique, témoins muets de destructions antérieures, dont la tradition se perd dans la nuit des temps.

---

(1) C'est la première échelle du Levant; le commerce y renouvelle la population.

(2) *Voyez* la première note au bas de la deuxième page.

Ce que nous venons de dire des temps anciens s'applique également aux temps modernes; la ruine des bois a toujours entraîné avec elle la ruine du pays sur lequel ils s'élevaient. Et en effet, si nous jetons les yeux sur la France, si nous recherchons pourquoi tant de vastes déserts se présentent sur sa surface, nous verrons que ces solitudes immenses et arides ont succédé à de belles forêts qui répandaient autour d'elles la vie et l'activité, et il semblera que la nature, en y rattachant son existence, ait refusé ses bienfaits au sol qui a cessé de les produire.

M. le vicomte de Martignac sentait bien l'influence que les bois exercent sur les peuples, lorsqu'il dit dans son brillant exorde à l'ouverture de l'exposé des motifs du Projet de code forestier :

« La conservation des forêts est l'un des premiers intérêts des sociétés, et « par conséquent l'un des premiers devoirs des gouvernemens. Tous les « besoins de la vie se lient à cette conservation : l'agriculture, l'architecture, « presque toutes les industries y cherchent des alimens et des ressources « que rien ne pourrait remplacer.

« Nécessaires aux individus, les forêts ne le sont pas moins aux États : « c'est dans leur sein que le commerce trouve ses moyens de transports et « d'échange; c'est à elles que les gouvernemens demandent des élémens de « protection, de sûreté et de gloire.

« *Ce n'est pas seulement par les richesses qu'offre l'exploitation des* « *forêts sagement combinée qu'il faut juger de leur utilité; leur existence* « *même est un bienfait inappréciable pour les pays qui les possèdent;* « *soit qu'elles protègent et alimentent les sources et les rivières, soit* « *qu'elles soutiennent et affermissent le sol des montagnes, soit qu'elles* « *exercent sur l'atmosphère une heureuse et salutaire influence.*

« *La destruction des forêts est souvent devenue, pour les pays qui en* « *furent frappés, une véritable calamité, et une cause prochaine de dé-* « *cadence et de ruine. Leur dégradation, leur réduction au-dessous des* « *besoins présens ou à venir, est un de ces malheurs qu'il faut prévenir,* « *une de ces fautes que rien ne saurait excuser, et qui ne se réparent* « *que par des siècles de persévérance et de privations.*

« Pénétrés de cette vérité, les législateurs de tous les âges ont fait de la « conservation des forêts l'objet de leur sollicitude particulière. Malheureu-

« sement les intérêts privés, c'est-à-dire ceux dont l'action directe et immé-
« diate se fait sentir avec le plus de puissance et d'empire, sont fréquemment
« en opposition avec ce grand intérêt du pays, et les lois qui le protègent
« sont trop souvent impuissantes.

« Pendant plusieurs siècles, les efforts de nos rois luttèrent contre les abus
« auxquels les forêts de l'Etat étaient exposées, et contre les spéculations
« imprudentes de la propriété privée; mais ces efforts ne furent pas constam-
« ment heureux.

« Le désordre toujours croissant, et la nécessité d'y porter un prompt re-
« mède, fixèrent l'attention de Louis XIV, et l'ordonnance de 1669, fruit
« d'un long travail et des méditations de conseillers habiles, prit rang parmi
« les monumens d'un règne illustré par tous les genres de gloire. »

DEUXIÈME PARTIE.

DE L'ÉTAT MODERNE DES BOIS EN FRANCE.

CHAPITRE PREMIER.

ÉTENDUE ET DISTRIBUTION.

En faisant la description de la Gaule transalpine, sous le rapport de son sol boisé, on a fait celle de la France, qui s'y trouve comprise entièrement, plus même une partie du royaume des Pays-Bas et du grand-duché du Bas-Rhin au nord, et des Etats Sardes (la Savoie) au levant.

Raisonnons maintenant selon la distribution actuelle de ce royaume.

Ses 86 départemens ont ensemble une étendue territoriale de 53,702,871 hectares, sur quoi la partie boisée, d'après nos statistiques les plus récentes, n'entre plus que pour 6,842,623 hectares (le 1/8 ou plus exactement les 13/100).

Supposons, pour un instant, qu'avant l'invasion des Romains la France fût tout-à-fait couverte de bois; les forêts auraient donc fait, depuis environ 19 siècles, une perte des 7/8 de leur étendue. Tout porte à croire que cette perte a été plus sensible dans les temps rapprochés de nous que dans les temps éloignés. L'opinion d'un auteur moderne (1) est que les 2/3 des forêts ont disparu du sol de la France, dans l'espace des deux derniers siècles. S'il en était ainsi, ce royaume aurait encore comporté, en 1600, plus de 20 millions d'hectares de bois, ou les 2/5 de sa surface actuelle (2). Il n'en aurait donc perdu que les 3/5 dans le cours

(1) M. Baudrillard, *Dictionnaire général des Forêts*, tome 1, page 27.

(2) Mirabeau père élevait cette étendue, de son temps, à 15,000,000 d'hectares.

des 17 premiers siècles, ce qui ferait moins de 2 millions pour chacun d'eux, tandis que les 2 derniers en auraient vu disparaître plus de 6 millions chacun. Quoi qu'il en soit, les bois abondaient tellement encore avant le XIVe siècle, que nos rois ne songèrent sérieusement à réprimer les abus qui s'y commettaient que dans le cours de celui-ci. C'est alors que parut, en 1376, l'ordonnance de Charles V, qui a servi de base aux ordonnances postérieures, et notamment à celles de 1515 et 1669. Ces ordonnances, plus sévères les unes que les autres, sur la police des bois, loin de mettre un terme aux empiétemens sur le sol forestier, semblent avoir rendu son dépeuplement encore plus actif, surtout sous le règne de Louis XIII et au commencement de celui de Louis XIV. Aussi voit-on, principalement depuis 1515, une foule d'ordonnances, d'édits, de réglemens et d'arrêts du conseil se presser pour créer un ordre administratif, le rectifier et arrêter les progrès du mal. Toutefois ce mal fut à son comble, lorsque la loi du 29 septembre 1791 vint tout-à-fait suspendre les effets de ces différens actes.

Cette loi, qui accordait aux propriétaires le droit d'user et d'abuser de leurs bois sans restriction, donna ouverture à tant de défrichemens, que les inquiétudes les plus vives se manifestèrent par des réclamations et des plaintes que fit retentir de toutes parts l'intérêt général, et qui obligèrent le gouvernement à rétablir les anciennes défenses de défricher; ce qui fut le motif de la loi du 9 floréal an 11 (1803). La durée de la prohibition prescrite par cette loi ne fut que de vingt-cinq ans, et elle n'a pu être prorogée que de vingt ans par le Code forestier de 1827, tant la défense des défrichemens est contraire à l'intérêt privé qui y a toujours résisté!

Avant d'approfondir les causes de ce dernier intérêt, considérons les bois selon leur répartition actuelle entre nos 86 départemens.

Il a été dit que le sol forestier en France était restreint au $^{1}/_{8}$e de la surface générale; il s'en faut de beaucoup que cette fraction soit distribuée dans une juste proportion sur tout le royaume; car, si l'on descend dans les détails des départemens, on la voit varier, du moins au plus, des $^{2}/_{100}$e aux $^{38}/_{100}$e.

Pour rendre cette remarque plus sensible, nous avons divisé la masse des départemens en quatre séries, et rangé dans la première tous ceux dont le sol boisé, comparé à l'étendue territoriale, varie des $^{2}/_{100^e}$ aux $^{10}/_{100^e}$.

Dans la seconde série, tous ceux dont la proportion varie des.. $^{10}/_{100^e}$ aux $^{20}/_{100^e}$.

Dans la troisième.. $^{20}/_{100^e}$ aux $^{30}/_{100^e}$.

Dans la quatrième.. $^{30}/_{100^e}$ aux $^{38}/_{100^e}$.

DÉVELOPPEMENT.

DÉPARTEMENS SOUMIS A LA MÊME PROPORTION.		ÉTENDUE GÉNÉRALE		PROPORTION ENTRE LE SOL BOISÉ ET LA SURFACE GÉNÉRALE.	
NOMBRE.	DÉNOMINATIONS.	de ces départemens.	des bois qu'ils comportent.	FRACTION ayant pour numérateur l'unité.	FRACTION ayant pour dénominat.r le centième.
	1re SÉRIE.				
3	Morbihan, Finistère, Corrèze	1 969 805	41 409	1/48	2/100
3	Manche, Vendée, Ile-de-Corse	2 258 949	72 123	1/31	3/100
4	Haute-Vienne, Rhône, Charente, Côtes-du-Nord	2 183 954	91 160	1/24	4/100
7	Loire-Inférieure, Charente-Inférieure, Aveyron, Mayenne, Lot-et-Garonne, Ile-et-Vilaine, Maine-et-Loire	4 700 327	278 735	1/17	6/100
12	Haute-Loire, Lot, Lozère, Calvados, Creuse, Cantal, Deux-Sèvres, Tarn, Pas-de-Calais, Ardèche, Eure-et-Loir, Puy-de-Dôme	6 906 604	475 342	1/15	7/100
8	Sarthe, Loire, Aude, Bouches-du-Rhône, Hérault, Basses-Alpes, Dordogne, Gironde	5 726 559	462 967	1/12	8/100
5	Seine, Gers, Somme, Haute-Garonne, Orne	2 562 420	233 400	1/11	9/100
42		26 308 618	1 655 136	1/16	6/100
	2e SÉRIE.				
3	Nord, Marne, Vienne	2 090 780	203 533	1/10	10/100
1	Ain	584 822	65 200	1/9	11/100
4	Loir-et-Cher, Indre-et-Loire, Aube, Seine-et-Marne	2 422 383	292 411	1/8	12/100
4	Tarn-et-Garonne, Seine-et-Oise, Hautes-Alpes, Seine-Inférieure	2 043 014	265 736	1/8	13/100
4	Aisne, Drôme, Loiret, Saône-et-Loire	2 957 967	408 123	1/7	14/100
5	Pyrénées-Orientales, Allier, Vaucluse, Oise, Indre	2 773 696	416 891	1/7	15/100
1	Var	729 628	122 462	1/6	16/100
3	Arriège, Isère, Eure	2 030 829	351 170	1/6	17/100
2	Landes, Basses-Pyrénées	1 656 484	299 804	1/5	18/100
1	Hautes-Pyrénées	464 531	89 658	1/5	19/100
28		17 754 134	2 514 988	1/7	14/100
	3e SÉRIE.				
1	Cher	740 125	149 198	1/5	20/100
1	Gard	599 723	126 335	1/5	21/100
1	Yonne	729 223	159 123	1/5	22/100
2	Moselle, Doubs	1 157 360	276 388	1/4	24/100
2	Ardennes, Nièvre	1 211 758	316 891	1/4	26/100
2	Côte-d'Or, Jura	1 380 320	384 455	1/4	28/100
1	Meurthe	629 002	183 043	1/3	29/100
10		6 447 511	1 595 433	1/4	24/100
	4e SÉRIE.				
2	Meuse, Haute-Saône	1 121 723	337 826	1/3	30/100
1	Bas-Rhin	467 500	153 697	1/3	33/100
1	Haute-Marne	633 173	222 190	1/3	35/100
2	Vosges, Haut-Rhin	970 212	363 353	1/5	38/100
6		3 192 608	1 077 066	1/3	33/100
	RÉCAPITULATION.				
42	Première Série	26 308 618	1 655 136	1/16	6/100
28	Deuxième Série	17 754 134	2 514 988	1/7	14/100
10	Troisième Série	6 447 511	1 595 433	1/4	24/100
6	Quatrième Série	3 192 608	1 077 066	1/3	33/100
86		53 702 871	6 842 623	1/8	13/100

Ainsi, 42 départemens présentant près de la moitié de la surface générale de la France, sont restreints à .... $^1/_{16}$e de bois.

28 Autres, comportant à peu près le $^1/_3$ de cette surface, sont réduits au .... $^1/_7$e *id.*

10 Autres, comportant à peu près le $^1/_8$e de cette surface, n'en couvrent pas plus de .... $^1/_4$ *id.*

Et 6 seulement, comportant à peu près $^1/_{16}$e de cette surface, offrent encore .... $^1/_3$ *id.*

Il est à remarquer que les départemens qui sont le plus dépourvus de bois, sont ceux qui avoisinent l'Océan, la Méditerranée et le Rhône. En effet, on peut parcourir 215 lieues en ligne droite, de Brest à Montpellier, sans en traverser plus de 8 dans les bois. On peut également se rendre en ligne droite de Cherbourg à Bagnères de Luçon (au pied des Pyrénées), en parcourant une distance de 200 lieues, sans traverser plus de 13 lieues de bois; enfin, aller de Lyon à Rochefort, dont la distance en droite ligne est de 115 lieues, sans traverser plus de 7 lieues de bois (1).

Les grands vides qui existent entre les deux mers, et qui en longent le littoral sur des largeurs immenses, indiquent que la marine n'a point été étrangère au déboisement de la France.

Pour marquer d'une manière plus précise encore les pertes faites par le sol forestier sur les diverses parties de la France, on va considérer ce royaume distribué en quatre régions à peu près égales, venant toutes s'appuyer sur son méridien ou dans le voisinage de ce méridien qui le traverse vers son milieu.

COMPOSITION DE CES RÉGIONS.

RÉGIONS.	NOMS DES DÉPARTEMENS compris dans chaque région se succédant l'une à l'autre.	leur NOMBRE.	ÉTENDUE GÉNÉRALE de ces départemens.	ÉTENDUE GÉNÉRALE des Bois qu'ils comport.	Proportion par centième.
1re. Nord-Ouest...	Finistère, Côtes-du-Nord, Morbihan, Loire-Inférieure, Ile-et-Vilaine, Manche, Calvados, Orne, Sarthe, Mayenne, Maine-et-Loire, Indre-et-Loire, Indre, Loire-et-Cher, Eure-et-Loire, Seine, Seine-et-Oise, Eure, Oise, Seine-Infére, Somme et Pas-de-Calais.	22	13 417 124	1 125 919	$^8/_{100}$ un p. plus
2e. Nord-Est.	Nord, Aisne, Seine-et-Marne, Loiret, Cher, Nièvre, Côte-d'Or, Yonne, Aube, Maine, Ardennes, Meuse, Haute-Marne, Vosges, Meurthe, Moselle, Bas-Rhin, Haut-Rhin, Haute-Saône, Doubs, Jura......	21	13 073 055	3 031 127	$^{23}/_{100}$
3e. Sud-Est...	Ain, Isère, Drôme, Hautes-Alpes, Basses-Alpes, Var, Bouches-du-Rhône, Vaucluse, Gard, Hérault, Aveyron, Lozère, Ardèche, Haute-Loire, Cantal, Puy-de-Dôme, Loire, Rhône, Saône-et-Loire, Allier, Ile-de-Corse..................	21	13 469 583	1 410 399	$^{10}/_{100}$
4e. Sud-Ouest......	Creuse, Haute-Vienne, Vienne, Deux-Sèvres, Vendée, Charente-Inférieure, Charente, Dordogne, Corrèze, Lot, Tarn-et-Garonne, Lot-et-Garonne, Gironde, Landes, Bses-Pyrénées, Htes-Pyrénées, Gers, Hte-Garonne, Tarn, Aude, Arriège, Pyrénées-Orientales.	22	13 743 109	1 275 178	$^9/_{100}$ un peu m.
	TOTAL..	86	53 702 871	6 842 623	$^{13}/_{100}$

(1) Ces proportions sont tirées de celles des départemens que chaque distance traverse.

La distribution qui précède, dans laquelle on a cherché à concilier le nombre et l'étendue des départemens avec le méridien de l'Observatoire de Paris et sa perpendiculaire prise dans le département du Cher, en donnant à chacune deux joutes extérieures, a fait ressortir les régions nord-ouest et sud-ouest formant la partie occidentale de la France, comme ayant le plus souffert du déboisement. Ces deux régions présentent, savoir :

	ÉTENDUE					
	PARTIELLE.			TOTALE.		
	Territoire.	Bois.	Proportion.	Territoire.	Bois.	Proportion par centième.
Celle du Nord-Ouest........	13 417 124	1 125 918	8/100 un p. plus	27 160 233	2 401 097	9/100
Celle du Sud-Ouest..........	13 743 109	1 275 179	9/100 un peu m.			
Et les régions Nord-Est et Sud-Est, comportant la partie orientale de la France, où les forêts ont été le plus respectées, savoir :						
Celle du Sud-Est.............	13 469 583	1 410 399	10/100	26 542 638	4 441 526	17/100
Et celle du Nord-Est........	13 073 055	3 031 127	23/100			
TOTAL................	....	....	....	53 702 871	6 842 623	13/100
D'où il suit qu'eu égard à la différence qui existe entre l'étendue territoriale de ces deux contrées, la partie orientale comporte à elle seule près des 2/3 des forêts de la France, tandis que la partie occidentale qui est plus vaste n'en contient qu'un 1/3. Elle détache enfin la région Nord-Est, dont l'étendue territoriale est moins grande qu'aucune des autres régions, pour la présenter comme contenant à elle seule plus des 3/7 de l'étendue des bois de la France ; ce qui s'établit ainsi qu'il suit :						
Régions occidentales, ensemble..				27 160 233	2 401 097	9/100
Région Sud-Est..				13 469 583	1 410 399	10/100
				40 629 816	3 811 496	10/100
Région Nord-Est..				13 073 055	3 031 127	23/100
TOTAL ÉGAL....................				53 702 871	6 842 623	13/100

Les forêts se distribuant entre le domaine de l'Etat, les communes et les établissemens publics, la couronne, les princes et les particuliers, la même inégalité se fait sentir sur chaque région dans l'étendue des bois de ces diverses catégories. C'est ce qui va être exposé dans le tableau récapitulatif ci-après :

NUMÉROS D'ORDRE.	RÉGIONS classées selon l'étendue de leur sol boisé.	ÉTENDUE GÉNÉRALE		BOIS SOUMIS A L'ACTION DU GOUVERNEMENT.			BOIS ÉTRANGERS A L'ACTION DU GOUVERNEMENT.			
		du TERRITOIRE.	des FORÊTS.	BOIS de l'état.	BOIS des communes.	TOTAL.	BOIS de la couronne.	BOIS des princes.	BOIS des particuliers	TOTAL.
1	Nord-Ouest.	13 417 124	1 125 919	195 614	10 741	206 355	46 706	71 458	801 400	919 564
4	Sud-Ouest..	13 743 109	1 275 178	161 951	259 636	421 587	"	2 823	850 768	853 591
3	Sud-Est......	13 469 583	1 410 399	146 312	607 118	753 430	"	7 749	649 220	656 969
		40 629 816	3 811 496	503 877	877 495	1 381 372	46 706	82 030	2 301 388	2 430 124
2	Nord-Est....	13 073 055	3 031 127	631 084	1 082 409	1 713 493	19 886	111 940	1 185 808	1 317 634
	TOTAL....	53 702 871	6 842 623	1 134 961	1 959 904	3 094 865	66 592	193 970	3 487 196	3 747 758

Il suit de ce tableau que la région nord-est, la plus boisée, contient à elle seule beaucoup plus de bois soumis à l'action du gouvernement que les trois autres ensemble, soit que l'on sépare les bois de l'État de ceux des communes et établissemens publics, soit qu'on les réunisse, tandis qu'elle ne comporte que la moitié des bois étrangers à la même action, soit qu'on les considère sous le rapport de leur masse, soit qu'on s'arrête aux bois des simples particuliers, dont l'étendue seule est équivalente à celle des bois régis par de grandes administrations.

Pour plus amples renseignemens, on renvoie aux tableaux détaillés numéros 1er et 2e et à la carte à laquelle ils correspondent, le tout annexé à ces recherches.

Les bois de la France étant ainsi connus, passons à l'examen succinct de leurs produits sur lesquels chacun s'abuse, ensuite aux servitudes qui leur sont imposées par des considérations d'utilité publique, et de là aux causes de leur affaiblissement continuel. Ces causes se rattachent à un haut intérêt privé que l'on tentera toujours vainement de faire fléchir devant l'intérêt général, tant qu'il n'y aura pas entre l'un et l'autre identité sinon absolue, du moins rapprochée. On est trop éclairé aujourd'hui pour ne pas reconnaître que le poids des intérêts est soumis aux lois d'une statique qui ne varie point au gré des considérations qui leur seraient préjudiciables.

CHAPITRE DEUXIÈME.

COUP D'OEIL SUR LES PRODUITS.

L'opinion commune, à l'égard des bois, est qu'il suffit d'en posséder pour être riche, sans s'inquiéter de la condition première qui consiste à être riche avant d'être propriétaire de bois, et c'est cette condition qui fait que l'aisance même n'en possède pas, ou n'en acquiert que dans une proportion bien inférieure à ses autres natures de culture (1). Peu de per-

---

(1) Les bois ne peuvent appartenir qu'à de grands propriétaires pour être bien conservés et en retirer tout le revenu possible. Cinq gardes surveillent mieux une masse de 2 mille hectares, qu'un garde seul n'en surveillera 400. D'abord, parce qu'il y a de l'émulation, par conséquent plus de zèle, et ensuite parce que les cinq gardes se portent un mutuel secours. L'un tombe malade, ou s'absente à l'insu même du propriétaire, les quatre autres réunissent son service au leur, et rien n'en souffre; tandis que si la masse appartenait à cinq particuliers différens, la moindre absence du garde de l'un des propriétaires exposerait son triage au maraudage et à la dent des bestiaux. Voilà un premier inconvénient.

Un second se rencontre dans les contestations et frais de clôture qui sont plus multipliés dans une masse distribuée en cinq parties que sur cette masse entière, dont les contours sont moins étendus que les contours réunis de chacune de ces parties. Mais la possession de 400 hectares de bois suppose déjà une grande aisance; et si l'on descend dans les petites fortunes on n'y rencontrera pas plus de 100 hectares de bois, étendue trop forte pour en confier le soin à une garde mixte, et trop faible pour supporter la dépense d'un garde particulier. Cependant le plus sage parti est de se soumettre à cette dépense entière qui se trouve encore accrue par les chances attachées à des limites proportionnellement plus étendues sur un bois de 100 hectares que sur un bois qui aurait quatre fois cette contenance. Les charges augmentant donc en raison de la diminution de surface, l'hectare de bois doit moins produire entre les mains du petit propriétaire qu'entre celles du grand; il doit s'en suivre aussi que la liberté de défricher est attendue avec plus d'impatience encore par le premier que par le second.

sonnes donc sont aptes à bien apprécier ce genre de propriété; car, pour en connaître les avantages ou les inconvéniens, il faut en jouir ou en avoir joui, soit directement, soit indirectement. De là, l'erreur de la multitude sur les véritables produits des bois, qu'elle ne juge que par la somme qui se réalise, à chaque révolution de coupe, dans la caisse de leur propriétaire, sans considérer que la coupe, qui arrive en tour d'exploitation, s'est fait attendre quinze, vingt, vingt-cinq, trente ans, et quelquefois plus, et que, pendant cette période de temps, il s'est accumulé une masse de déboursés et d'intérêts dont la distraction restreint le revenu net à la moitié du prix de vente, plus ou moins, selon que l'âge de cette coupe s'est trouvé plus ou moins avancé.

Cette erreur s'accrédite, dans les pays boisés, par la comparaison que l'on y fait, à des temps bien différens, du prix actuel d'une superficie de bois avec ses produits antérieurs; on se dit : Voilà un bois que mon père a fait exploiter et qu'il n'a payé que 4,000 francs avant la révolution (comme si la révolution ne datait que de quelques années) et qui se vend aujourd'hui 10,000 francs, d'où l'on fait ressortir un bénéfice de 6,000 francs; mais on oublie qu'à la même époque les autres denrées nécessaires à notre existence étaient loin d'atteindre le prix auquel on les livre aujourd'hui dans nos marchés. Il en est de même de la main-d'œuvre; et si l'on établissait des rapports exacts entre l'augmentation progressive de chaque chose, peut-être verrait-on que les bois n'ont jamais fait le premier pas en avant (1); seulement ils ont dû suivre l'impulsion générale; autrement leurs propriétaires n'auraient pu faire face à l'impôt qui s'est accru, aux frais de garde qui sont aujourd'hui plus considérables qu'autrefois, et à ses autres dépenses comme consommateur, puisque les denrées de première nécessité ont la plupart triplé de valeur dans l'espace d'un demi-siècle.

Cette erreur acquiert encore plus de crédit dans les grandes villes, où le prix du bois de chauffage est en effet excessif. A Paris, par exemple, la voie de bois de médiocre qualité revient au consommateur, de 42 à

(1) Le temps me manque pour établir ces rapports; au surplus, ils deviennent inutiles par la comparaison qui sera faite au chapitre IV entre le produit d'un hectare de bois et celui des autres natures de propriété.

43 francs, sciée et mise en place dans son bûcher, et ce consommateur ignore sans doute que dans la Nièvre, d'où il se tire considérablement de bois pour l'approvisionnement de la capitale, une voie de bois de première qualité n'est vendue, dans certaines contrées, en forêt et sur pied, qu'à raison de 12 à 13 fr. (1). Il suit de là qu'un propriétaire de bois, dans ces localités, abandonnerait le prix de son bois, que le consommateur n'éprouverait un allégement que des $^2/_7$e, c'est-à-dire que la voie lui reviendrait encore à 30 fr. Cette différence énorme dans le prix de vente cessera d'étonner, lorsque l'on saura que cette somme de 30 fr. est le résultat d'une multitude de frais qui se composent : 1° du bénéfice du marchand forain qui achète les coupes de bois pour les revendre ; 2° de l'exploitation et de la conduite au port ; 3° du bénéfice du marchand flottant à bûche perdue ; 4° de l'écoulage, du tirage, du tricage et de la mise en état du bois de flot ; 5° des réparations de sétangs de flottage, ruisseaux, rivières et pertuis (2) ; 6° des frais d'administration ; 7° des droits de navigation et d'octroi ; 8° des bénéfices du marchand de bois ayant chantier à Paris ; 9° d'une quote-part dans les patentes, locations de magasins et chantiers, et autres frais généraux résultant de toutes les spéculations ; 10° du cordage et de la voiture à domicile ; 11° enfin du sciage et mise en place dans le bûcher du consommateur, qui ne se doute probablement pas que la bûche qui arrive à son foyer a passé par plus de vingt mains, qui toutes ont perçu sur sa valeur un tribut quelconque, dont lui seul est chargé d'effectuer le remboursement

(1) Dans la commune de Châteauneuf (entre la Charité-sur-Loire et Clamecy) la corde de vente est de 20 pieds, 8 pouces de couche, 2 pieds, 8 pouces de hauteur, la bûche de 3 pieds 6 pouces de longueur. Ces dimensions donnent un cube de 158 pieds. Cette corde se vend communément à 2 lieues du port de Corbelin 40 fr. sur feuille avec le 4 au 100, ce qui réduit ce prix à.............................. 38 f. 50 c.
Façon à déduire.............................. 3 50

Reste.............................. 35 f. » c.

La voie étant de 56 pieds cubes, sa valeur se trouve comprise ici pour 12 f. 40 c.

On a choisi pour exemple une localité assez favorisée par la proximité des ports de Clamecy. Qu'on juge où descendrait ce calcul pour les bois du Haut-Morvand situés à 20 lieues en Amont.

(2) Le gouvernement entre pour un tiers seulement dans la dépense de réparations des pertuis qui sont d'un entretien considérable.

entre les mains du dernier marchand qui en a fait les dernières avances.

Ce simple exposé pourrait suffire, pour prouver que la prospérité des bois est plus fictive que réelle; mais, pour ne rien laisser à désirer sur cette matière, nous allons entrer dans des démonstrations précises, en y rattachant les cas d'exception qui altèrent encore le produit de ces bois.

CHAPITRE TROISIÈME.

DES ENTRAVES APPORTÉES AU DROIT DE PROPRIÉTÉ DES BOIS, ET DES MOTIFS DE LEUR DÉFRICHEMENT.

§ 1.

Les inconvéniens graves attachés au déboisement et la nécessité de pourvoir aux besoins de la marine, ont fait placer les bois des particuliers sous un régime différent de celui des autres propriétés privées. Ce régime porte atteinte au droit de propriété, en ce qu'il interdit au producteur la faculté de tirer de son fonds tout le revenu qu'il est susceptible de rendre, et qu'il lui ôte la disposition d'arbres, dont l'existence n'est due qu'aux privations que ses auteurs se sont imposées, et qui par cela même ont altéré l'héritage qu'il en a recueilli.

Ces deux circonstances demandent quelques développemens.

Les bois se composent de deux choses : *du fonds* et *de la superficie.*

On a expliqué, dans le chapitre I de cette seconde partie, comment le fonds était devenu l'esclave de la matière qu'il produit; on démontrera bientôt combien cet état est préjudiciable à l'intérêt privé.

Quant à la *superficie*, elle se divise en *taillis* et *futaie.*

§ 2.

La futaie prend la qualité de *jeune*, *demi*, *jeune haute* et *vieille futaie*, selon l'âge qu'elle a acquis au moment où l'on en parle. Futaie.

Un canton de bois a le titre de *futaie*, aussitôt qu'on l'a reconnu propre et qu'il a été destiné à en produire, et les brins qui s'y élèvent conservent jusqu'à quarante ans le nom de *jeune futaie.*

La *demi-futaie* est prise de l'âge de quarante à soixante ans.

La *jeune haute* futaie est prise de l'âge de soixante à cent vingt ans.

Et la *vieille futaie* est prise de cent vingt à cent cinquante et jusqu'à deux cents ans.

Les arbres dépérissans s'appellent *futaie sur le retour.*

Toutes ces futaies portent le nom de *futaies pleines*, lorsqu'elles s'élèvent en massifs, et de *futaies sur taillis*, lorsqu'elles sont éparses sur les coupes ordinaires : c'est ainsi qu'on appelle celles que l'on réserve sur les coupes dont le tour d'exploitation est arrivé.

Il existe en France 466,224 hectares de futaies pleines, savoir :

Dans les bois communaux, d'établissemens publics et des particuliers, suivant le Mémorial forestier de 1825.......................... 406,224

Et dans les bois du gouvernement, suivant le rapport de M. le comte Roy à la Chambre des Pairs, séance du 8 mai 1827 60,000 (1)

Total égal............ 466,224

Les autres futaies sont réparties sur les taillis et dans les lisières, avenues, parcs et héritages ruraux.

Les arbres les plus propres à être élevés en futaie, pour les constructions de toute espèce et les besoins de l'industrie, sont le chêne, le hêtre, l'orme, le châtaignier, le pin et le sapin. Le frêne, l'érable, et particulièrement l'érable plane et l'érable sycomore y sont pareillement propres, mais ces espèces sont rares.

Le chêne tient le premier rang parmi toutes ces essences qu'il surpasse en beauté, en grosseur, en force et en longévité ; il acquiert par cela même une grande supériorité sur les autres arbres, surtout lorsqu'il s'agit de constructions navales où il est préféré pour la confection du corps des vaisseaux. Les avantages qu'il présente, joints à ce qu'il est très abon-

---

(1) Voir le *Code forestier*, par M. Baudrillard, t. 1er, p. 562. Cet auteur, dans son *Dictionnaire forestier*, au mot MARINE, p. 338, élève l'étendue des futaies et demi-futaies, appartenant à l'État, à 220,000 hectares. On ignore d'où provient l'énorme différence qui existe entre ces deux étendues. Elle est d'ailleurs sans intérêt pour le but de cet ouvrage.

dant en France, fait que plus des 3/4 des arbres destinés à croître en futaie se composent de cette essence (1).

La marine exerce sur les futaies en général des priviléges qui se sont souvent accrus ou modifiés, selon les temps et les circonstances, et selon que les bois se sont trouvés possédés par l'Etat, les communes ou les particuliers; ils ont été établis par l'ordonnance de 1669, tit. XXI, art. 2, et maintenus par les arrêts du conseil des 21 septembre 1700, 23 juillet 1748, 1er mars 1757 et 16 décembre 1786; les décrets des 19 janvier 1791, 1er février, 27 juillet, 20 septembre et 4 octobre 1793; l'arrêté du gouvernement du 29 vendémiaire an XI (21 octobre 1802); la loi du 9 floréal an XI (29 avril 1803); le décret du 15 avril 1811; l'ordonnance royale et le réglement du 28 août 1816; le Code forestier du 31 juillet 1827 et l'ordonnance d'exécution du 1er août suivant.

Ces priviléges consistent ou ont consisté dans *le droit de marque et de prendre pour son service tous les arbres* qu'elle y reconnaît ou reconnaissait propres.

Le réglement du conseil du 1er mars 1757, interprétatif de l'arrêt du 21 septembre 1700, porte que tous les propriétaires de *bois-futaie, arbres épars ou baliveaux sur taillis, en quelque lieu qu'ils soient situés, seront tenus six mois à l'avance d'en faire leur déclaration*, etc. Ainsi, sous le nom de *futaie*, on entendait tous les arbres propres à mettre en œuvre; le Code forestier, par son article 124, restreint ce privilége en exprimant que le département de la marine n'exercera le droit de choix et de marte-

(1) Le 1/4 qui n'en comporterait pas serait d'environ 1,700,000 hectares. On lit dans le *Dictionnaire général des Forêts*, au mot EXPLOITATION, qu'il existe en France des forêts assez étendues qui sont composées de pins, sapins, épicéas et melèzes, soit purs, soit mêlés avec les hêtres et les chênes, et qu'en 1824 leur contenance totale en bois royaux et communaux était d'environ 550,000 hectares, répartis sur plusieurs départemens y désignés. Il faut supposer que les bois des particuliers en sont pourvus dans la même proportion; d'après cela l'étendue générale des forêts de ce genre s'éleverait à 1,200,000 hectares, qui seraient à peu de chose près le 1/6 de la surface générale, et comme le chêne est choisi de préférence pour former les réserves sur les taillis où les essences sont mélangées, on peut facilement croire que la proportion du chêne aux autres essences est de 3 sur 4 pour les arbres futaies.

lage sur les bois des particuliers que sur *les arbres en essence de chêne* qui seront destinés à être coupés et dont la circonférence, mesurée à 1 mètre du sol, *sera de* 15 *décimètres au moins*. Cet article comprend encore une partie de la jeune haute futaie et la totalité de la vieille futaie, le tout en essence de chêne (1).

L'autorité publique étant saisie d'un arbre, aussitôt que le martelage en est opéré par la marine, il n'est dès lors plus permis au propriétaire d'en disposer; s'il le fesait, avant le Code forestier, non-seulement il encourait la confiscation de l'arbre dont le produit avait pu se faire attendre deux siècles, mais encore il était condamné à une amende que l'arrêt du conseil du 1er mars 1757, confirmatif d'autres arrêts des 21 septembre 1700, 23 juillet 1748, 24 octobre 1752, 9 et 23 juillet 1754, réglait à 3,000 francs pour la première fois, et à plus forte somme pour la seconde, et ce, indépendamment de la restitution du double de la valeur des bois coupés. L'arrêt du 1er mars 1757 a été maintenu par l'arrêté du gouvernement du 21 octobre 1802, par l'ordonnance du 28 août 1816, et par le réglement du même jour. Mais le Code forestier, par son art. 133, a restreint ces condamnations ruineuses à une amende de 45 francs par mètre de tour de chaque arbre distrait de sa destination.

Bien que les formalités, tant pour les déclarations de volonté d'abattre que pour constater, soit les besoins personnels, soit les martelages et les abattages, se remplissent sans frais (art. 132, C. f.), elles n'en donnent pas moins lieu à des démarches et à des pertes de temps dont les autres propriétaires sont exempts. Il y a plus, c'est que l'oubli de la déclaration, hors les cas de besoins personnels, entraîne une amende de 18 fr. par mètre de tour (art. 125 du C. f.) : c'est souvent plus que l'arbre ne vaut.

Les formalités étant observées, le propriétaire reste six mois incertain de savoir si les arbres seront agréés ou non. Pendant ce délai, une circonstance fortuite se présente d'en tirer un grand parti, il ne peut en profiter, et cependant les six mois expirent sans que la marine ait opéré son

(1) On a vu plus haut que cette essence emportait les $^3/_4$ des arbres destinés à croître en futaie, et comme ces arbres, lorsqu'ils n'ont aucun vice, s'abattent rarement avant leur maturité, il en est peu qui échappent au droit de marque de la marine.

martelage, moins parce que les arbres ne lui conviennent pas, que parce que ses besoins sont devenus moins pressans (art. 126, C. f.).

Admettons toutefois que ce martelage ait lieu : dans ce cas, le propriétaire traite de gré à gré du prix avec la marine. Ici des offres insuffisantes ou des prétentions trop élevées donnent lieu à une expertise. Deux experts ne sont point d'accord, un tiers est nommé d'office par le tribunal de première instance, à la requête de la partie la plus diligente. Les frais d'expertise et de tierce expertise étant supportés en commun (art. 127, C. f.), la valeur des arbres se trouve altérée de la moitié de ces frais.

Le Code ni l'ordonnance d'exécution n'expliquent si l'estimation des arbres a lieu lorsqu'ils sont sur pied ou gisans; cependant comme leur abattage dépend du propriétaire, qui toutefois doit l'exécuter du 1er octobre au 1er avril de l'année qu'il choisit (art. 156 de l'ordon. d'exécu.), celui-ci a intérêt de les laisser debout; et en effet l'abattage peut déceler des vices au pied, qui, bien que superficiels, peuvent être considérés différemment par les experts; car on ne peut s'en assurer sans détériorer l'arbre, ce qui est expressément défendu par l'art. 133, C. f.

Or, la marine, d'après l'art. 129, a la faculté d'annuler son martelage jusqu'à l'abattage, et si ce cas arrive immédiatement après l'expertise, les arbres se trouvent frappés d'une défaveur qui éloigne la concurrence. car cette impression reste : que si la marine ne dispose pas d'arbres qu'elle avait primitivement marqués, c'est parce qu'elle les a reconnus tarés. De cette sorte, peines, démarches, déboursés, tout est en pure perte, et les arbres restent sans acquéreurs (1).

Telles sont les principales entraves apportées au droit de propriété pour la futaie. Pour se soumettre à de semblables conditions, il faut supposer

(1) L'artillerie, pour le charronage, avait, il y a peu de temps, les mêmes priviléges que la marine dans les bois des particuliers. Ces priviléges ont été établis par un arrêt du 5 septembre 1682, interprété par autre arrêt du 9 mars 1686. Le décret du 15 septembre 1809 les avait maintenus à l'égard des bois de l'État seulement; mais la lettre d'envoi de ce décret expliquait qu'ils s'étendaient aux futaies pour lesquelles les particuliers étaient tenus de faire des déclarations de volonté d'abattre. Le privilége de l'artillerie avait été de nouveau confirmé par le réglement du 28 août 1816; mais il a été aboli par le Code forestier du 1er août 1827.

que son éducation présente d'ailleurs de grands avantages. Il n'en est pas ainsi; un calcul simple va le démontrer.

La futaie ne peut prospérer que sur un terrain profond et fertile et dont la couche de terre végétale soit au moins de 2 à 3 pieds d'épaisseur. Un tel fonds est de première classe, et susceptible de produire les arbres les plus vigoureux.

Opérons sur une futaie pleine, placée sur un sol qui réunisse ces conditions, et saisissons-la au moment où elle va passer de l'état de jeune futaie à celui de demi-futaie, c'est-à-dire à l'âge de quarante ans. A cet âge, la superficie d'un hectare sera vendue au moins 1,000 francs (1), et ce capital, placé à 5 p. %, se grossira de telle sorte chaque année, qu'avant la révolution de sa quinzième il sera doublé.

On a dit que l'âge le plus avancé de la futaie était de deux cents ans, et que, ce délai expiré, elle était censée être sur le retour. Or, dans le cours de deux siècles, une jeune futaie peut être renouvelée cinq fois, et en suivant jusqu'au dernier terme les intérêts de 1,000 francs, produit de l'hectare de chacune des exploitations, on arrive aux résultats ci-après :

	CAPITAUX et INTÉRÊTS SIMPLES.	CAPITAUX et INTÉRÊTS COMPOSÉS.
A 40 ans, valeur de la superficie de la 1re coupe	1,000	1,000
A 80 " intérêts réunis à la valeur d'une 2e coupe	5,000	8,040
A 120 " id. " d'une 3e coupe	21,000	57,602
A 160 " id. " d'une 4e coupe	85,000	405,278
A 200 " id. " d'une 5e coupe	341,000	2,845,432

Cependant un hectare de futaie à l'âge de 120 ans seulement ne produirait ni 57,602 fr. ni même 21,000 fr.; car, en partant des derniers prix de la marine, on obtiendrait tout au plus 12,000 fr., ainsi qu'il va être expliqué.

Suivant un mémoire publié en 1822, M. Bonard, ingénieur-directeur de la marine, qui a pris pour base des besoins actuels de la marine, l'état des forces navales qui avait été arrêté par Louis XVI en 1786,

(1) Les bois royaux de l'ordinaire 1827 se sont vendus au terme moyen l'hectare, savoir :

Dans le 5e arr. f.	(Châlons),	où les amén. sont régl. à	25, 30, 40 et 50 ans,	1008 f.	y comp.	12 arb.	et sous la rés. de	109 bal.	m. et an.
Dans le 14e "	(Reims),	id.	20, 25 et 30 "	1090	id.	6	id.	35	id.
Dans le 11e "	(Le Mans),	id.	20 et 30 "	1185	id.	2	id.	47	id.
Dans le 4e "	(Laon),	id.	15, 20, 25 et 30 "	1228	id.	82	id.	117	id.
Dans le 3e "	(Rouen),	id.	20 et 30 "	1234	id	29	id.	52	id
Dans le 1er "	(Paris),	id.	30, 40 et 50 "	1273	id.	23	id.	64	id.
Dans le 2e "	(Troyes),	id.	20, 25 et 30 "	1310	id.	12	id.	79	id.
Et d. le 7e "	(Colmar),	id.	15, 20, 25, 30, 40 et 50 "	1437	id.	23	id.	75	id.

trouve que ces besoins exigent la consommation annuelle de 1,000,000 de pieds cubes (ou 34,000 stères) de bois de chêne : ce qui, dit-il, suppose l'emploi de 45,000 arbres de cent vingt ans reçus dans les ports, ou de 60,000 arbres martelés en forêts à cause des rebuts ; d'où il suit qu'il attribue à chaque arbre un cube moyen de 22 pieds $^1/_4$ ou $^3/_4$ de stère (1).

L'art. 28 du réglement du 28 août 1816 fixait ainsi le prix du stère dont la marine disposait :

	f.	c.
Pour la première espèce........	48 f.	18 c.
Pour la seconde espèce........	40	88
Et pour la troisième espèce...	33	58
Terme moyen...............	40	88

Un arbre de cent vingt ans étant censé cuber $^3/_4$ de stère, c'est pour cet arbre 30 f. 66 c. Mais les frais d'abattage, d'équarrissage, de conduite au port, de droit de dépôt et de surveillance sur le port altéraient cette somme de moitié et plus, en sorte que l'arbre réduit en pièce de marine ne produisait pas à son propriétaire plus de 15 f. Il est vrai que si l'on ajoutait les restes de cet arbre consistant en cime, branches et copeaux dont la valeur sur place, sans la façon, peut être évaluée à 5 f., la valeur nette totale de l'arbre se trouverait élevée à 20 f. (2)

---

(1) La marine a marqué, de 1819 à 1824, dans des bois que j'ai fait exploiter, situés sur un bon fonds à 4 et 5 lieues de la rive droite de la Loire, 85 arbres séculaires qui ont produit ensemble 1,843 pieds cubes (ou 63 stères), ce qui fait pour terme moyen d'un arbre 21 pieds $^3/_4$. Ce calcul est à très peu de chose près d'accord avec celui de M. Bonard.

(2) Sur les 85 arbres ci-dessus la marine en a rebuté 8 en forêt et 2 sur le port, en tout 10 cubant ensemble 7 stères 4 décistères. Ceux-ci ont été vendus à divers... 219 f. » c.

Pour ce qui est des 75 qu'elle a agréés pour 55 stères 6 décistères, elle les a payés........ 2,332 72

Total de la valeur brute sur un prix de vente moyen de 40 f. 50 c. par stère........ 2,551 f. 72 c.

Voici la dépense exacte à laquelle les 85 arbres ont donné lieu :

	f.	c.			
Frais d'équarrissage de 1,843 pieds à 20 c. le pied........	368 f.	60 c.			
Conduite au port de 77 pièces (les bois sont de difficiles accès)........	833	»	A déduire.	1,299	75
Droits de dépôt sur le port........	29	30			
Frais de surveillance payés au garde-port.	68	85	Reste net...	1,251 f.	97 c.

D'où il suit que le stère est revenu net à 19 f. 87 c. et chacun des arbres à 14 f. 73 c. A la vérité, les remanans sont venus augmenter cette valeur du $^1/_3$ environ. Ainsi en portant à 20 f. le produit moyen de chaque arbre, c'est tout ce qu'on pourrait en espérer.

Or, M. Bonard, d'après les règles du savant M. Hartig, forestier allemand, suppose qu'un hectare peut contenir 600 arbres de cent vingt ans; s'il en était ainsi, la valeur de chaque hectare serait portée à 12,000 francs au lieu de 21,000 exprimés au tableau ci-dessus, en partant des intérêts simples, et de 57,000 francs, en s'arrêtant aux intérêts composés. Mais le nombre d'arbres porté à 600 par hectare paraît exagéré pour les forêts de France, où d'ailleurs les futaies n'ont jamais été bien traitées (1); on pense que cette quantité réduite à moitié approcherait davantage de la réalité (2); or 300 arbres de cent vingt ans, répartis sur un hectare, en font supposer un sur 33 centiares, ce qui place cet arbre dans un cercle

(1) La direction générale des forêts porte maintenant tous ses soins à la propagation de la futaie, et le mode d'exploitation par éclaircie qu'elle a adopté doit la conduire à d'heureux résultats, si ses vues sont bien secondées. Nous citerons à cette occasion l'opinion de M. le comte Roy, exprimée dans son discours à la Chambre des Pairs, lors de la discussion du Code forestier :

« Le système des exploitations par éclaircie a de grands avantages pour former et obtenir « des futaies : le gouvernement en multiplie les essais, et on doit espérer qu'ils seront « favorables; mais il ne faut pas s'y livrer avec une précipitation et un excès qui seraient « funestes : les exploitations par éclaircie sont nuisibles si elles ne sont pas conduites « avec beaucoup d'intelligence; et le premier soin serait d'avoir aussi une école de gardes, « et de se procurer un grand nombre de forestiers capables de diriger ces sortes d'exploi- « tations. » (*Commentaires du Code forestier*, par M. Baudrillard, t. 1, p. 562.)

(2) En 1811, un décret impérial prescrivit l'aliénation de la terre de l'ancien duché d'Aubigny appartenant au duc de Richmond, Anglais, mais réversible à la couronne de France en cas d'extinction de ligne masculine. Cette terre comporte environ 2,000 arpens de bois dont la moitié est sans contredit tout ce qu'il y a plus de beau dans le département du Cher. Je fus chargé de l'estimation de ces bois, dans lesquels j'ai fait compte de 54,000 pieds d'arbres, dont la plupart étaient en massifs de futaie. Parmi les futaies pleines, j'ai remarqué 1° que le canton de la Remise au Loup comportait par hectare 700 pieds d'arbres dont 30 âgés de 80 à 100 ans et 670 de 50 à 60 ans seulement; 2° que la futaie du petit Cleffy, âgée de 120 ans environ, n'en comportait que 300, et que la futaie Madame, âgée de 150 ans à 200 ans, dont le sol est de la meilleure qualité, n'en contenait que 200 aussi par hectare. Je ne parle ici que des massifs qui m'ont donné les résultats les plus satisfaisans; car, sur la garenne d'Aubigny, dont les arbres étaient âgés de 100 à 150 ans, je n'en ai compté que 150 par hectare.

dont le rayon, à partir du centre de l'arbre, est de 3 mètres 26 centimètres (10 pieds) (1), et établit une distance moyenne entre tous les arbres de 5 mètres 77 centimètres (17 pieds 9 pouces), toujours en partant du milieu des arbres. Il semble que cette distance soit nécessaire pour qu'un arbre de cent vingt ans, placé sur un bon fonds, puisse prendre tout son développement; si l'on admet cela, il est évident qu'un hectare ne peut contenir plus de 300 arbres sans qu'ils se nuisent entre eux, et dans ce cas la superficie ne présenterait qu'une valeur de 6,000 francs. Ce prix, appliqué à une futaie de cent vingt ans, dispense de toute comparaison avec des futaies plus âgées dont le maximum de la perte se fait suffisamment sentir par le résultat des calculs précédens.

On objectera que le pacage et la glandée peuvent être abandonnés pour payer les contributions et les frais de garde. D'abord le pacage ne peut, sans inconvénient, être permis dans un taillis avant l'âge de quinze ou vingt ans, et les bois des particuliers sont assez généralement aménagés à cet âge; d'ailleurs, dans une futaie, l'herbe étant privée de l'action du soleil, y est peu nutritive. Quant à la glandée, on sait qu'elle n'est point annuelle et qu'elle n'est guère abondante que six ou huit fois dans l'espace de quarante ans (2).

D'après ces diverses considérations, il est évident que les avantages pour le père de famille sont immenses, d'exploiter son bois, avant même qu'il passe à l'état de demi-futaie; mais ces avantages, si séduisans au premier abord, se réduisent à peu de chose, si l'on considère qu'étant resté quarante ans sans couper, il a laissé s'accumuler des avances de contributions, de frais de garde et des intérêts, tant de ces avances que de son capital placé dans l'acquisition d'un fonds qui, de la qualité de celui-ci, ne peut être moindre de 400 francs par hectare. En s'arrêtant à ce prix de vente,

---

(1) L'espace qu'un arbre isolé occupe dans un taillis sous futaie est encore plus considérable que celui qui existe dans un massif; s'élevant en plein air, ses branches prennent toute l'extension dont elles sont susceptibles, et cet arbre dispute avec avantage aux brins voisins, qu'il finit par détruire, la nourriture que le terrain fournit. Aussi le rayon du cercle dont il s'empare est-il de plus de 10 pieds pour un arbre de 120 ans. Il s'étend quelquefois à 15 et même jusqu'à 18 pieds.

(2) Ces faibles avantages n'existent pas même pour les bois grevés d'usages. Ces usages dérivaient jadis de droits seigneuriaux. Aujourd'hui la cause a disparu, la charge reste.

qui chaque année se grossit des avances de contributions et des frais de surveillance et d'entretien que l'on ne peut fixer au-dessous de 4 fr. (1), ainsi que des intérêts de toutes ces mises de fonds, on verra que le produit de 1,000 francs, attendu quarante années, n'est que le résultat d'un placement à 2 3/5 p. %. A la vérité, l'on peut dire que 1,000 francs ne sont pas le prix de la superficie d'un hectare tel qu'on le suppose ici; dans ce cas, la condition de celui qui élève de la futaie devient pire; et cette condition s'aggrave encore, lorsque la futaie est arrivée au terme de son exploitation, car peu de souches repoussent après cent quarante ans et deux cents ans, qui sont en général les âges les plus élevés auxquels la reproduction puisse agir : ce serait une grande erreur de compter sur les rejets de souches aussi vieilles. De là, la nécessité d'un semis artificiel dont les dépenses excèdent le prix des meilleurs fonds de bois, surtout, si l'on considère que cette opération n'est pas toujours suivie du succès, et que dès lors on est souvent obligé de la renouveler (2).

Les particuliers n'ont donc aucun intérêt à élever des futaies, aussi voit on leurs bois s'en dépouiller *extraordinairement;* et une remarque essentielle à faire, c'est que ce dépeuplement est beaucoup plus actif sur la petite que sur la grosse propriété; d'où l'on doit conclure que la grosse propriété permettant de faire plus de sacrifices à l'intérêt général, ses possesseurs n'hésitent pas à se soumettre à ces sacrifices (3).

S'il en était autrement, le gouvernement, qui est le plus grand consommateur de bois d'œuvre, serait réduit à ses propres ressources; car, étant tuteur né des communes et des établissemens publics dont il régit directement les bois, il ne peut, sans compromettre les revenus du pauvre, charger ces bois d'arbres-futaies. Or, M. Bonard pense qu'une réserve de

(1) Les frais généraux d'administration et de surveillance reviennent à 3 fr. de l'hectare pour les bois du gouvernement (Budget de 1828).

(2) J'ai donné le détail des frais d'un semis dans *mes Considérations sur l'estimation des bois.*

(3) Madame la duchesse de Charost possède dans le Berry plus de 25,000 arpens de bois, dans lesquels on ne serait point embarrassé de trouver 4 à 500,000 pieds d'arbres futaies, et l'on a vu qu'il en avait été compté 54,000 sur les 2,000 arpens de bois de M. le duc de Richmond, situés dans la même province.

100,000 hectares aménagés à cent soixante ans serait nécessaire pour satisfaire les besoins annuels de la marine; mais le gouvernement ne possède que 1,100,000 hectares de bois. Il serait difficile, pour ne pas dire impossible, de trouver dans cette étendue un onzième dont la qualité du sol fût propre à produire des arbres dont la croissance serait poussée jusqu'à cent soixante ans; car 100,000 hectares représentent une surface de 50 lieues carrées de 25 au degré.

Déjà tributaires du Nord pour notre mâture (1), depuis que les Pyrénées qui, selon M. Dralet, auraient fourni autrefois à l'entretien des flottes des plus grandes puissances, sont dégradées, nous ne tarderions pas à le devenir pour le bois de charpente, qui, aujourd'hui livré par l'étranger à vil prix dans nos ports, serait acheté très cher par nous, si un jour le produit de nos futaies devenait insuffisant pour tous les besoins de notre consommation.

Ces explications sur la futaie nous conduisent naturellement à donner quelques détails sur les superficies en taillis.

§ 2.

Les taillis ont aussi leurs dénominations particulières qui sont les *jeunes, moyens* et *hauts taillis*. Taillis.

Les *jeunes taillis* sont ceux âgés de dix ans et au-dessous.

Les *moyens taillis* sont ceux âgés de quinze à vingt-cinq ans.

Et les *hauts taillis* sont ceux âgés de trente, quarante, cinquante ans et plus.

Avant le Code forestier, les lois imposaient aussi aux propriétaires de taillis des servitudes fort onéreuses auxquelles plus d'un abus se rattachait.

L'administration des *poudres et salpêtres* avait le droit de s'y introduire dans tous les temps pour y extraire le bois de bourdaine. Ce privilége se trouve confirmé par un arrêt du 11 janvier 1689, qui obligeait les particuliers, dans leurs exploitations, de faire séparer les bois de bourdaine des

(1) M. Baudrillart, *Dictionnaire forestier*, t. 1er, p. 17, dit que les plus beaux mâts qui se vendent à Riga se paient jusqu'à 3,600 fr. pièce, et qu'en 1810 le gouvernement français en a fait acheter pour plusieurs millions.

autres essences, pour être livrés, à prix fixé, au commissaire général des poudres, sous peine de 100 livres d'amende.

Un autre arrêt du 7 mai 1709 *faisait défense à tous vanniers, ou faiseurs de panniers et autres, d'employer dans aucun ouvrage du bois de bourdaine*. En sorte que, si l'administration des poudres n'en disposait pas, ce moyen de tirer un parti avantageux de la bourdaine était enlevé au propriétaire. Ce second arrêt était encore plus rigoureux que le premier, *en ce qu'il permettait à l'adjudicataire général des poudres, ses commis ou préposés, de faire couper dans les bois des particuliers*, OÙ IL N'Y AURAIT POINT DE VENTE OUVERTE, *tous les bois de bourdaine de trois, quatre et cinq ans de crue, et ce, dans un rayon de 12 lieues des fabriques de poudre.*

Un arrêté du gouvernement du 25 fructidor an XI (12 septembre 1803) avait en partie remis en vigueur l'arrêt de 1709; il portait *que les commissaires et préposés des poudres et salpêtres étaient autorisés à faire faire* DANS TOUS LES TEMPS (1) *la recherche, coupe et enlèvement du bois de bourdaine de l'âge de trois, quatre et cinq ans dans toutes les forêts, quand bien même il n'y aurait pas de coupe ouverte.*

Le décret du 16 floréal an XIII (6 mai 1805) étendait le rayon des recherches à 15 myriamètres des fabriques, et ce rayon atteignait quarante-huit départemens, savoir : dans la région nord-ouest, par les fabriques dans les départemens du Finistère et du Pas-de-Calais.... 7.

Dans la région nord-est, par les fabriques établies dans les départemens des Ardennes, du Haut-Rhin et du Doubs.............. 17.

Dans la région sud-est, par celle du Doubs.......................... 2.

Et la région sud-ouest en entier, à cause des fabriques placées dans les départemens de la Haute-Garonne, de la Gironde et de la Charente.. 22.

Total........ 48.

Le Code forestier, par son art. 2, porte que les particuliers exercent

(1) Le temps de la sève n'en était pas même excepté, au contraire il était préféré, parce que les préparations exigent que la bourdaine soit dépouillée de son écorce avant sa carbonisation.

sur leurs bois tous les droits résultant de la propriété, sauf les restrictions qui y sont spécifiées. Le silence de ce Code à l'égard des bois de bourdaine doit donc être considéré comme emportant la suppression de ce privilége. Au surplus l'art. 218 dispose que : « sont et demeurent abrogés pour l'avenir toutes lois, ordonnances, édits et déclarations, arrêts « du conseil, arrêtés et décrets, et tous réglemens intervenus, à quelque « époque que ce soit, sur les matières réglées par le présent Code, en « tout ce qui concerne les forêts.

« Mais les droits acquis antérieurement au présent Code seront jugés, « en cas de contestation, d'après les lois, ordonnances, édits et déclara- « tions, arrêts du conseil, arrêtés, décrets et réglemens ci-dessus men- « tionnés. »

Sur la demande de M. le comte d'Haubersart, Son Exc. le Ministre des finances déclara que la bourdaine n'entrait pas dans la réserve des dispositions générales, *et que cette servitude se trouvait positivement supprimée.* Mais cette suppression avait déjà été prononcée par l'art. 13 du titre 27 de l'ordonnance de 1669, et un peu plus tard on reconnut la nécessité de la rétablir, ce qui eut lieu par l'arrêt du 11 janvier 1689 précité.

Le flottage exerçait aussi sur les taillis des particuliers des priviléges pour s'approvisionner de rouettes et chantiers. Des arrêts du conseil des 25 septembre 1784, 29 juin 1785, et 15 mai 1787, autorisaient les entrepreneurs de flottage à se faire délivrer des étoffes, rouettes et chantiers dans les bois les plus prochains des ports, après en avoir traité avec les propriétaires et réglé le prix.

Selon le Code actuel, ces servitudes sur le taillis se réduisent aux travaux d'endigage ou de fascinage sur le Rhin, pour lesquels les particuliers propriétaires de bois taillis ou autres dans les îles, sur les rives et à une distance de 5 kilomètres de ce fleuve, sont tenus de faire à l'administration des ponts et chaussées une déclaration, trois mois d'avance, des coupes qu'ils se proposent d'exploiter, sous des peines que l'art. 137 du Code forestier prononce.

L'écorçage est une branche de produit qui, s'il recevait tout le développement possible, acquerrait de la valeur aux superficies de bois ; mais par les ordonnances royales des 10 novembre 1819 et 30 août, 20 octobre et 29 novembre 1820, il est fait défense d'exporter des écorces, et ce n'est que d'après des autorisations spéciales du gouvernement qu'il peut être dérogé à cette défense.

De cet exposé sur la législation relative aux taillis, nous allons passer à leur destination.

Les taillis ont pour principaux débouchés : 1° les villes pour le bois de chauffage (1), qui est choisi parmi les taillis les plus âgés et dans les meilleures qualités, lorsque les besoins des vignes sont satisfaits.

2° Les campagnes qui, usant beaucoup moins de bois de choix que les villes, trouvent une grande partie de leur chauffage dans les menus bois et bois de rebut, les émondes de haies et arbres épars, et dans les corps et piles de ces arbres lorsqu'ils sont sur leur retour ou qu'ils tombent de vétusté.

3° Les vignes pour les cerceaux, et les échalats qui se tirent, tant du taillis que de la jeune futaie.

4° Et les usines à fer, où toute espèce de bois, depuis la souche jusqu'à la cime, vient trouver son emploi, soit en charbon pour l'aliment des hauts fourneaux et les feux d'affinerie, soit en ramille pour chauffer les fours de fonderie, soit en souches, cimées et copaux pour le chauffage des chefs, préposés et ouvriers, soit enfin en bois d'œuvre pour les constructions, réparations annuelles et entretien des bâtimens, halles, magasins, machines, tournans et virans, digues, écluses, empalemens, vannes, ponts, etc.

Des établissemens secondaires, tels que les tanneries pour l'écorce, les fours à plâtre et à chaux, les briqueteries et tuileries, les poteries, les porcelaineries, les fayenceries et les verreries, ajoutent encore à cette consommation.

---

(1) La population des villes consomme beaucoup plus de bois de chauffage que celle de la campagne, les fabriques exceptées. L'aisance et les états sédentaires qui viennent s'y réfugier multiplient les foyers. La table y étant aussi plus splendide, la préparation des alimens vient encore accroître cette consommation.

§ 3.

Motifs des défrichemens.

Chacune de ces choses prise isolément donne de la valeur aux bois situés dans son voisinage; mais cette valeur est minime si le rayon des bois s'étend au-delà des besoins locaux. Cette circonstance est une des premières causes de défrichement.

Le concours de plusieurs de ces choses excite la consommation du bois; mais il n'ajoute que faiblement à sa valeur, si la matière est encore surabondante; alors même motif de défricher.

Mais si ce concours est tel que les besoins de la consommation soient en rapport avec le produit des bois, dans ce cas, le prix de ces bois atteint le niveau ou devient l'équivalent des autres produits agricoles, et alors l'intérêt du défrichement cesse ou diminue sensiblement; c'est l'exemple que présentent plusieurs départemens de la région nord-est.

Ce dernier cas arrivant, l'administration doit être très réservée pour permettre la création de nouveaux établissemens qui, ne pouvant s'alimenter qu'aux dépens de ceux préexistans et des besoins de la population, préparent une crise dont les résultats peuvent compromettre les intérêts de tout un pays.

La facilité des communications et le concours d'un autre combustible sur certains points, font que le produit des bois, qui aurait été à peine suffisant pour alimenter les foyers et les fabriques d'une contrée, devient surabondant par l'importation de produits semblables qui, privés d'autres débouchés, y sont livrés à bas prix. Alors, encore même intérêt de défricher.

Cette dernière circonstance s'applique particulièrement à la région nord-ouest pour ses départemens compris dans la première série du tableau numéro 1er, qui, bien que très populeux et comportant une multitude de grandes villes dont les plus importantes sont Angers, Nantes, Brest, Rennes, Caen, Amiens et Arras, n'en sont pas moins dégarnis de bois: leurs positions étant favorisées, les unes par le voisinage des pays boisés, les autres par celui des fleuves et rivières communiquant à ces pays, soit directement, soit par dérivation; d'autres enfin par celui des tourbières et de l'Océan.

L'agglomération des fortes populations, où ces ressources manquent, protége les bois contre les défrichemens, et si, dans la région sud-est, les départemens du Gard, des Bouches-du-Rhône, du Var, des Basses-Alpes, de Vaucluse, de la Drôme, des Hautes-Alpes et de l'Isère, d'une étendue territoriale de 4,452,000 hectares, comptent encore 726,000 hectares de forêts, celles-ci doivent principalement leur existence à leur voisinage de Nîmes, Marseille, Toulon, Avignon et Lyon, toutes villes dont la population n'est pas au-dessous de 30,000 ames et dont l'ensemble s'élève à 435,000, faisant la moitié de la population actuelle de Paris. Si l'on y joignait celles des villes de Gasse, d'Aix, Arles, Tarascon, Alais, Carpentras, Grenoble et Vienne, dont la population varie de 10 à 23,000 ames et dont le total s'élève à 122,000, on aurait une population de 557,000 individus (1), susceptibles de consommer annuellement 1,070,000 stères de bois de chauffage (2) que l'on ne peut trouver que dans une masse considérable de bois, surtout à raison du système d'exploitation sur ce point, qui consiste à couper les bois par furetage ou jardinage, mode beaucoup moins productif que les coupes périodiques qui se font à tire et aire. Ce qui excède la consommation

(1) Voir le tableau n° 2.

(2) En supposant 4 individus par ménage, ce serait 7 stères 2/3 pour chacun, ou 4 voies représentant 2 cordes de 112 pieds cubes chacune, ancienne mesure d'ordonnance. Paris, dont la population était beaucoup moindre avant la révolution qu'elle ne l'est aujourd'hui, a consommé en 1783 : 660,281 voies de bois (1,266,440 stères). Quoique sa population fixée par l'ordonnance du 16 janvier 1822 à 713,966 habitans soit élevée d'après l'*Almanach du Commerce* à 890,000, cette consommation a peu varié, à raison de l'immense quantité de houille et autres combustibles qui s'y emploient et du perfectionnement des appareils pyrotechniques.

Le procès-verbal d'aménagement des bois de l'ancienne maîtrise de Vierzon du 18 novembre 1779 élevait la consommation de la ville de Bourges, dont la population était alors de 15 à 16,000 habitans, à 11,000 cordes de grands bois et à 3,000 cordes de charbonnage ; et celle de Vierzon comportant à la même époque 5,000 habitans de 15 à 1,600 cordes, non compris les bois d'émondes. En réunissant les deux populations et leur consommation en grand bois seulement, on voit que cette consommation par ménage de 4 individus s'élevait à 2 cordes 2/5. Le froid étant moins vif dans les départemens méridionaux, il ne s'y consomme pas tout-à-fait autant de bois de chauffage.

des villes trouve son écoulement par le chauffage de la campagne, par les vignobles abondans dans ces départemens; par 16 feux d'affineries dont 12 dans l'Isère et 4 dans le Var; par plusieurs grandes verreries en activité dans le Gard, les Bouches-du-Rhône et le Var; par les fabriques de cuirs existant dans ces derniers départemens, les Hautes-Alpes et l'Isère; par les poteries de Vaucluse et de la Drôme; enfin par l'Isère navigable de Grenoble au Rhône, et par le flottage de la Durance notamment pour l'exportation du bois de construction.

Qu'un observateur sorte de cette localité et aille se placer au point de jonction des départemens de la Haute-Vienne, de la Creuze et de la Corrèze, il cherchera vainement autour de lui une ville dont la population excède 30,000 habitans (1) s'il n'étend son rayon à 60 lieues et plus, où il rencontrera enfin,

Nantes de......	72,000	habitans.
Bordeaux......	94,000	
Toulouse......	53,000	
Montpellier...	36,000	
Nîmes..........	39,000	
Lyon...........	173,000	
Et Orléans.....	40,000	

Les seules villes remarquables dans cette vaste circonscription sont: Saint-Étienne (voir la note n° 1), Clermont de 30,000 habitans, Limoges de 26,000, Montauban de 25,000, et Poitiers de 22,000. Cette enceinte comporte, à partir des deux régions septentrionales et de la section de la région sud-est dont on vient de parler, jusques et y compris les villes de Bordeaux, Toulouse, Montpellier et Lyon, 26 départemens dont voici l'énumération:

(1) L'*Almanach du Commerce* élève la population de Saint-Étienne (département de la Loire) à 37,031 habitans. On ne peut tenir compte ici de cette population qui paraît avoir doublé depuis 1822 (elle n'était alors que de 19,102), attendu qu'elle n'a pu exercer aucune influence sur les forêts qui ont disparu de cette contrée.

NUMÉROS D'ORDRE.	DÉPARTEMENS.	POPULATION.	ÉTENDUE DU TERRITOIRE.	ÉTENDUE DES FORÊTS.			USINES A FER MARCHANT AU BOIS.			INDICATION des FABRIQUES SECONDAIRES.
				Bois de l'état.	Bois divers.	Total.	Fourneaux.	Feux d'affinerie.	Forges à la Catal.	
		habit. milles.	hectares milles.	hectar. milles.	hectar. milles.	hectar. milles.				
1	Vendée	323	675	2	20	22	〃	〃	〃	Tann., tuiler., poterie, four à ch.
2	Deux-Sèvres	288	585	9	30	39	1	3	〃	Poterie, fayencerie.
3	Vienne	268	689	9	54	63	2	5	〃	Tanneries.
4	Haute-Vienne	276	558	〃	22	22	4	40	〃	Tannerie, porcelainerie, poterie.
5	Creuse	253	579	2	36	38	〃	〃	〃	Tannerie, porcelainerie, verrerie.
6	Allier	285	742	26	84	110	4	15	〃	F. à ch., tuil., fayen., porc., verr.
7	Puy-de-Dôme	567	794	3	55	58	〃	〃	〃	Tannerie, fayencerie, verrerie.
8	Loire	376	496	〃	39	39	1	38	〃	Tannerie.
9	Rhône	417	293	〃	12	12	〃	〃	〃	〃
10	Ardèche	328	550	6	34	40	〃	〃	〃	Tannerie.
11	Haute-Loire	286	496	〃	34	34	〃	〃	〃	Tannerie, fours à plâtre.
12	Cantal	262	574	2	37	39	〃	〃	〃	Tannerie.
13	Corrèze	285	595	〃	14	14	2	11	〃	〃
14	Lot	281	398	〃	25	25	1	1	2	Tannerie.
15	Dordogne	464	898	1	69	70	37	97	2	Fours à plâtre, tannerie.
16	Charente	353	589	7	18	25	9	16	〃	Fours à plâtre, fayencerie, poter.
17	Charente-Inférᵉ	424	717	〃	41	41	〃	1	〃	F. à plât., fayenc., porcel., verr.
18	Gironde	538	1088	1	90	91	4	7	〃	Fayencerie, verrerie.
19	Lot-et-Garonne	337	480	〃	29	29	4	6	3	Tann., poterie, fayen., verrerie.
20	Gers	308	624	1	54	55	〃	〃	〃	Tann., poterie, fayen., verrerie.
21	Tarn-et-Garonne	242	355	3	45	48	2	2	〃	Fayencerie.
22	Haute-Garonne	407	643	17	43	60	〃	〃	1	Tannerie, poterie.
23	Tarn	328	577	11	28	39	〃	〃	1	〃
24	Hérault	340	631	1	52	53	〃	〃	〃	〃
25	Aveyron	350	878	10	39	49	〃	〃	〃	Tannerie.
26	Lozère	139	510	1	32	33	〃	〃	〃	〃
	TOTAUX	8725	16014	112	1036	1148	71	242	9	

Plus de la moitié de ces départemens est privée d'usines à fer, le reste comporte encore 71 hauts-fourneaux, 242 feux d'affinerie et 9 forges à la catalane; ces établissemens ont arrêté les progrès des défrichemens qui ont été beaucoup plus actifs dans ces 26 départemens que partout ailleurs (1), attendu que, ces usines exceptées, peu d'autres fabriques entrent en concurrence avec le chauffage pour consommer les taillis et en élever le prix, et que la marine n'a jamais eu trop à lutter contre les besoins des grandes villes pour les bois de construction.

L'étendue générale de ces départemens est de 16,014,000 hectares dans

(1) Voir le tableau par régions n° 2 A.

lesquels on ne compte plus aujourd'hui que 1,148,000 hectares de bois (le quatorzième du territoire), encore dans cette quantité le domaine de l'Etat n'en possède-t-il que 112,000 (1). Si un jour, par un motif quelconque, les usines à fer devenaient inactives, les bois de cette contrée seraient menacés d'un mal plus grand encore; car le gouvernement, qui serait, pour ainsi dire, le seul intéressé à leur conservation, n'en possède que la dixième partie.

D'un autre côté, l'expatriation qui est déjà considérable dans plusieurs de ces départemens, à défaut de travail, s'accroîtrait nécessairement, et chaque habitant se trouverait isolé sur un plus grand espace de terrain. Déjà cette population, qui est restreinte à 8,725,000 habitans, ne compte qu'un individu sur 1835 mètres carrés, tandis que la France entière en compte 1 sur 1687 mètres, tandis enfin que la région nord-est, dont le 1/4 du sol est occupé par des forêts, en compte 1 sur 1690, ses forêts comprises, et 1 sur 1,298 mètres seulement, ses forêts distraites.

CHAPITRE QUATRIEME.

DE L'AVANTAGE DES DÉFRICHEMENS POUR L'INTÉRÊT PRIVÉ.

Les bois qui ont échappé au soc et à la dent des bestiaux, reposent sur un sol dont la qualité ne le cède en rien aux autres parties cultivées, notamment celles qui produisent les céréales. La profondeur de sa terre végétale se mesure sur la vigueur des arbres qui s'y élèvent. Ce serait une erreur de croire que c'est le sol médiocre qui seul a été consacré à la production du bois; ses essences variées à l'infini se sont emparées des qualités diverses qui convenaient à leur végétation, et la défense seule des extractions fait qu'aujourd'hui un bois de première qualité n'est pas converti en terre arable de même classe (2).

---

(1) Ce n'est que la dixième partie de ses forêts : voir le tableau n° 2 A.

(2) Avant qu'il fût décidé que ces recherches seraient livrées au public, j'en communiquai les premiers élémens à la commission de MM. les propriétaires de bois, qui daigna les honorer de son suffrage. Il ne faudra pas s'étonner que ce passage et quelques autres trouvent leur place dans le Mémoire qu'elle vient de publier, et dont la rédaction a été confiée à M. Dupin (le jeune).

Ce point de fait reconnu, on soumettra cette question : Comment se fait-il que le fonds d'un hectare de bois de première classe, contigu à 1 hectare de terre de même qualité, ne se vende pas, à beaucoup près, le même prix que la terre, abstraction faite des récoltes?

Cependant le bois qui vient d'être coupé se reproduit, dans la période de sa révolution, sans autres soins et sans autres précautions que la surveillance peu pénible à y exercer; tandis que le champ qui vient d'être moissonné est soumis à une infinité de préparations, toutes fatigantes et dispendieuses, pour parvenir à de nouveaux produits, selon ses alternats et assolemens. Cependant encore, si l'on convertissait en terre arable l'hectare de bois dont la vente des souches terreuses couvrirait les frais d'extraction sur plus d'un point, on obtiendrait les premières années des produits d'autant plus abondans que son fonds comporterait une plus forte couche d'humus, puisque le bois y dépose chaque année plus de détritus de végétation que les céréales dont on enlève tout à chaque récolte.

Appliquons à cela un exemple récent.

En 1827, il existait dans le département de Saône-et-Loire, arrondissement de Châlons, canton de Chagny, près de Cligny, une partie de bois de 75 hectares, en taillis de vingt-cinq ans, abondamment garni de vieilles écorces et dont le défrichement a été permis à son propriétaire qui l'exécute actuellement. Ce propriétaire a vendu toute la superficie de ce bois, moins les contours et quelques arbres épars dans l'intérieur et de belle venue, 60,000 francs. Ce prix de vente est plutôt exagéré que modéré, car cette propriété est restée pendant trois ou quatre ans sans acquéreurs, à ce prix de 60,000 francs, bien que le fonds y fût compris.

Un fonds de bois qui, après vingt-cinq ans d'attente, a produit 60,000 f., y compris une grande quantité de réserves au-dessus de cet âge, ne saurait valoir plus de moitié de cette somme, c'est-à-dire 30,000 francs. Néanmoins, son propriétaire actuel a la certitude de trouver non seulement dans les souches terreuses de quoi se récupérer et au-delà de ses frais de défrichement, mais encore d'affermer son sol ainsi défriché 6,000 francs, que l'on réduira à 4,500, pour ne point tomber dans l'exagération. Cependant, si ce propriétaire n'eût pas obtenu la permission de défricher son bois, il aurait été forcé de le voir se reproduire dans la même nature; et, en supposant ce bois coupé à blanc-être, pour en comparer le produit avec celui d'une autre nature de culture après sa récolte faite, pouvait-il en espérer 4,500 francs de revenu annuel? Nous allons en démontrer l'impossibilité.

Admettons pour un instant que les capitaux dans le département de Saône-et-Loire se placent encore en biens-fonds à raison de 5 p. %. On sait qu'un capital à ce taux est absorbé par ses intérêts composés avant la quinzième année révolue. D'après cela, si le fonds du bois dont il s'agit vaut 30,000 francs, sa superficie à quinze ans doit au moins équivaloir à ce capital; que présentera alors cette superficie? Un taillis de quinze ans, plus susceptible d'être converti en charbon que propre à tout autre usage, et pouvant rendre à peine 100 stères par hectares ou 7,500 stères pour toute la coupe. Or, pour faire 30,000 francs avec 7,500 stères, il faut vendre le stère 4 francs, ou 12 francs la corde de 8 pieds de couche, 4 pieds de hauteur, la bûche de 30 pouces de longueur (ou 80 pieds cubes), ce qui paraît un peu élevé pour ce département. Toutefois rendons possibles le produit et son prix de vente : dans ce cas, les intérêts du capital sont restreints à 5 p. %, tandis que l'action du défrichement élève ce taux à 15 p. %; d'où il suit que le sol doit acquérir trois fois plus de valeur, rendu à l'agriculture, que s'il était conservé en nature de bois. Ainsi, 1 hectare de bois défriché aurait donc un produit égal à 3 hectares de bois non défrichés.

Il est à remarquer que ce n'est pas seulement en terre arable que le sol dont il s'agit peut être converti; mais qu'il peut aussi, dans certaines parties, être cultivé en toute autre nature de propriété plus productive, surtout à raison d'une belle source comprise dans son intérieur.

Le fait précédent se vérifie dans les départemens circonvoisins, et surtout dans celui de la Nièvre, où, à classes et étendue égales, la valeur vénale des fonds de bois est à plus de 50 p. % au-dessous des terres arables; où l'hectare de vigne en vaut 5 à 6 de bois et celui de pré en vaut 8 au moins; et cependant où le placement des capitaux est plus avantageusement fait en terre, en vigne et en pré qu'en bois (1).

---

(1) Exemple, la commune de Châteauneuf, arrondissement de Cosne. Le bois des Nonciades, le meilleur fonds du pays, et qui a été rangé en 1re classe dans le cadastre, a

Dans la Franche-Comté (1), où les bois ont beaucoup plus de valeur que dans le Nivernois, puisque la corde de charbonnage s'y vend plus du double, les mêmes bois produisent, au bout de vingt ans, moins de 600 fr., tandis que les autres natures de culture, de médiocre qualité, produisent par hectare, dans le même espace de temps, savoir :

Les terres arables.. 900
Les vignes...1,260
Et les prés...2,700

On a de plus l'exemple que des terrains produisant du mauvais bois, ont souvent été convertis en tout autre nature de propriété, dans l'espérance d'en tirer un parti plus avantageux. Dans le département de Saône-et-Loire que l'on vient de citer, environ 300 hectares du bois de Loise, situé commune de Chenât, vignoble du Mâconnais, viennent d'être arrachés par leur propriétaire pour être convertis en vigne, et déjà vingt-cinq maisons de vignerons, pressoirs et autres locaux nécessaires y sont bâtis ou en construction. Ce bois était clairement planté, de mauvaise venue, la futaie ne s'y élevait point.

Que l'on consulte enfin les opérations de répartition de l'impôt foncier, on y reconnaîtra que les bois tiennent généralement le dernier rang dans les revenus des principales natures de culture (toujours, comme on l'a dit, à étendue et classe égales), à moins que l'ignorance des calculs les plus simples n'ait jeté les opérateurs dans des erreurs de classification

---

été vendu à l'âge de 2 ans, par acte notarié du 2 novembre 1827, 482 f. l'hectare. Les calculs les plus positifs démontrent que le placement n'est fait qu'à 3 1/3, tandis que les autres natures de propriétés, dans la même commune, produisent au moins 5 pour 100. Par autres actes des 26 juillet 1826, 1er juin, 1er juillet et 23 septembre 1827, les terres arables se sont vendues sur le pied de 1,000 f., et par autres actes des 1er juin et 6 août 1826 ; 1er et 23 décembre 1827; 20 janvier, 22 mars et 27 avril 1828, elles se sont vendues 1,110, 1,390, 1,350; 1,500, 2,470 et 2,500. Enfin, par actes des 8 juillet et 16 septembre 1827 et 20 avril 1828, les vignes se sont vendues 100 fr. l'hommée (il faut, dit-on, 32 hommées pour faire 1 hectare). Les prés de premières classes valent de 5 à 6,000 f. l'hectare; et produisent jusqu'à 300 f. à leur propriétaire.

(1) Voir le Mémoire de MM. les propriétaires de bois, p. 118 et suivantes.

suffisamment caractérisées dans les considérations sur les estimations des bois, etc. (1).

Les exemples de localité qui viennent d'être cités se fortifient par les produits généraux ci-après :

On voit dans un tableau synoptique de la France, publié il y a quelques années par M. T. P. (2), que le revenu présumé des 86 départemens, d'après celui des cantons cadastrés alors, était de 1,315,785,844 francs (3). Chacun sait que ce revenu s'écarte sensiblement du revenu vrai. En voici les deux principales causes : la première se rencontre dans les opérations de classification et de classement des différens territoires toujours portés au-dessous de leur valeur vénale et des classes auxquelles ils correspondent de fait ; la seconde est que les communes croient avoir intérêt à paraître moins riches qu'elles ne le sont réellement ; car, depuis l'ordonnance de 1823 sur le cadastre, on en a vu dissimuler leur revenu jusqu'aux 2/3 (4).

En ne supposant que le 1/4 déguisé, on ne ferait que signaler la modération d'opérateurs de bonne foi, et cependant le revenu général présumé se trouverait élevé à près de 1,800,000,000 fr. ; il dépasserait de beaucoup cette somme si les revenus non imposables n'y étaient pas compris, ce qui peut être d'après les 264 millions de différence qui existent entre la base que l'on vient de prendre et les revenus résultant de notre tableau n° 2D.

Voyons maintenant pour combien les forêts entrent dans ce revenu général :

On a dit que leur étendue en bois de toute nature s'élevait à 6,842,623 hectares. Cette quantité se divise ainsi qu'il suit :

---

(1) Par l'auteur de ces Recherches.

(2) Imprimé à Paris chez Paul Renouard.

(3) L'*Almanach du Commerce* et les *Essais statistiques de la France*, par A. Balbi, dont on s'est aidé, en partie, pour la formation du tableau n° 2A, élèvent ce revenu à 1,576,238,370 ; mais comme il s'agit ici d'établir une comparaison entre le revenu général et celui des forêts, dont la moyenne est prise sur les années antérieures à 1829, on s'est arrêté aux résultats exprimés au tableau de M. T. P.

(4) Ce fait est particulièrement constaté dans un rapport d'un inspecteur des contributions directes du Loiret du 13 août 1825.

Bois du Gouvernement	Aménagemens en taillis	1,074,961	1,134,961
	Id. en futaie	60,000	

Bois des communes et établissemens 1,959,904

Bois non soumis à l'action du Gouvernement.

Bois de la Couronne	66,592			
Bois des Princes	193,970	3,747,758		
Bois des Particuliers	3,487,196	5,707,662	Taillis... 5,301,438 / Futaie.... 406,224	5,707,662

Total égal, savoir :	Taillis..... 6,376,399 / Futaie..... 466,224	6,842,623

Les bois du gouvernement sont vendus à la chaleur des enchères, conséquemment leur revenu vrai est parfaitement connu.

En 1826 ils ont produit, décime compris	28,712,447 f.
En 1827 *idem*	24,068,635
En 1828 *idem*	24,951,000
TOTAL	77,732,082 f.
Le 1/3 pour terme moyen	25,910,694
Frais administratifs à déduire non comprises les avances à charge de remboursement (1)	3,361,800
Reste pour revenu net de 1,134,961 hectares	22,548,894 f. (2)

Ce qui élève le produit de l'hectare à .... 19 f. 85 c.

Si tous les bois étaient de même qualité que ceux de l'État, on pourrait donc en espérer un revenu général de 135,826,067 fr., mais il n'en est pas ainsi, et le produit des autres bois est nécessairement moindre par les motifs suivans :

D'abord les désordres qui ont existé de tout temps dans les bois, ont plus particulièrement pesé sur ceux des communes, dont la plupart sont privés de futaie sur taillis et dont beaucoup même sont encore en état de récépage.

(1) Voir la loi sur le budget de 1828.

(2) M. le baron de Boissel de Monville, dans la discussion du Code forestier à la Chambre des Pairs, séance du 15 mai 1827, a dit que les bois de l'État ne produisaient année commune que 21 à 22 millions.

D'un autre côté, les aliénations faites par la Caisse d'amortissement ont dégagé les bois de l'État d'une grande quantité de qualités médiocres qui sont venues grossir les bois des particuliers.

Ensuite ceux-ci soumis à l'influence d'une multitude de petites administrations qui ne se coordonnent point et qui agissent isolément dans des systèmes souvent créés par les besoins du moment, sont aussi généralement moins bien surveillés que ceux du gouvernement, dont les frais administratifs s'élèvent à 3 fr. par hectare; tandis que, selon les réglemens sur le cadastre, il n'en coûterait qu'un franc par hectare pour les bois des particuliers (1), d'où il suivrait que les propriétaires n'emploieraient qu'un surveillant là où le gouvernement en occuperait trois (2). Les bois des particuliers étant donc moins bien administrés que ceux de l'État, il en résulte nécessairement un affaiblissement dans le revenu des premiers. Enfin, les bois des particuliers, considérés en masse, comportent moins de vieilles écorces que ceux du gouvernement, qui vend chaque année des arbres sur leur retour, dont le nombre s'est élevé, pour 1826 et 1827, de 15 à 16 par hectare(3).

D'après ces considérations, on croit saisir avec quelque précision le revenu général vrai des bois, en réduisant d'un quart celui qu'on a obtenu par comparaison avec les bois de l'État; cette réduction assignerait au produit général de cette nature de propriété 101,869,553 francs, que l'on peut sans inconvénient restreindre à la somme ronde de 100,000,000 francs.

Il a été démontré plus haut que le revenu général de la France pouvait s'élever à 18 cent millions au moins; celui des bois n'y participant que pour 100 millions, il s'ensuit que celui-ci n'est que du 1/18 du premier.

---

(1) Un arrêté de M. le préfet du Cher, du 22 août 1826, vient à l'appui de ce fait.

(2) Outre les employés supérieurs, gardes généraux et à cheval (le tout au nombre de 1,153) 8,445 gardes à pied sont spécialement chargés de la surveillance des bois soumis au régime forestier, qui se composent de 3,094,865 hectares. C'est 366 hectares pour chaque garde (voir le tableau nº 2). Il est impossible qu'un seul garde surveille 3 fois cette quantité, ce qui ferait 1,098 hectares (près de 2,200 arpens). Il y a nécessairement erreur dans cette sorte de déduction sur le revenu brut, et cette erreur est des plus préjudiciables au contribuable propriétaire de bois.

(3) En 1826, il a été adjugé 26,528 hect. 42 ar. 12 cent. avec 405,128 arbres, c'est 15 par hect.
En 1827, *id.* 24,271 36 19 *id.* 378,195 *id.* 16 par hect.

D'un autre côté, on a vu que l'étendue territoriale de la France était de.. 53,702,871

Cette étendue comporte en choses stériles; savoir :

Terres vagues, landes et bruyères..........	3,841,000 (1)	10,396,000
Routes, rivières, montagnes, rochers.....	6,555,000 (2)	
Reste en terrains productifs............		43,306,871

Sur quoi les bois entrant pour 6,842,623 hectares, ils en occupent conséquemment le 1/6 à peu de chose près (3).

Or si ce 1/6 ne produit que 100 millions et que les autres 5/6 en produisent 1,700, il est évident que 3 hectares de bois ne présentent pas un revenu plus élevé qu'un hectare moyen de toutes les cultures mélangées (4); et cependant, comme on l'a suffisamment démontré, chacun de ces trois hectares de bois serait susceptible d'atteindre le même revenu de l'hectare auquel les trois sont comparés, par sa seule conversion en toute autre nature de culture à laquelle il serait propre; mais la défense en ôte les moyens au producteur (5).

Cette défense étant aussi contraire à l'intérêt privé, il n'est donc plus étonnant de le voir si souvent en opposition avec l'intérêt général et avec la loi qui protége celui-ci aux dépens de l'autre.

De là l'impuissance de cette loi dans une infinité de cas; de là l'incroyable activité des propriétaires à profiter des momens de désordre pour doubler et même tripler en un instant, par la simple action du défrichement, le

(1-2) Voir l'article extrait du *Dictionnaire géographique universel*, p. 57 et 58.

(3) Il y aurait un peu plus du 1/6 si l'on y joignait les châtaigneraies, qui sont de 406,000 hectares selon M. Chaptal. D'un autre côté, M. Herbin de Halle, qui a fait le relevé général des forêts de la France, tel qu'on le voit au tableau n° 2^a, n'a pas compris dans les bois des particuliers les terrains plantés de quelques arbres épars, n'offrant que des broussailles et mauvais bois, et qui ne servent qu'au pâturage et au parcours des bestiaux. (*Mém. for. de* 1828, p. 19, note.)

(4) Ce qui est d'accord avec l'exemple cité dans le département de Saône-et-Loire, p. 55.

(5) Si les 5/6 qui composent les autres natures de propriété ne produisaient pas davantage que le 1/6 en bois, la contribution foncière qui est aujourd'hui de 203 millions de francs absorberait le 1/3 des revenus généraux. Que resterait-il alors au propriétaire, ses autres charges acquittées?

revenu d'un sol condamné par nos lois et les besoins de notre existence, à rester perpétuellement l'esclave de son genre actuel de production.

De là, enfin, la nécessité de mettre le plus que possible le revenu des bois en rapport avec toutes les autres natures de propriété, ou au moins avec les terres arables qui entrent pour plus de moitié dans le sol productif de la France (1) et dont il est encore si éloigné; autrement, aucune loi, aucun réglement, ne pourront intervertir l'équilibre qui résulte des défrichemens, ce serait vouloir changer la loi des niveaux pour les fluides. En effet on sentira l'impuissance de la loi qui prohibe l'arrachement; car un propriétaire qui voudra dénaturer sa forêt, aura mille moyens de la détruire sans contrevenir à la loi; il lui faudra sans doute plus d'années pour atteindre son but que s'il avait le droit de défricher; mais pour avoir attendu plus longtemps, le résultat n'en sera pas moins certain.

C'est donc à augmenter et non à diminuer la valeur des prix des bois que doit tendre une prévoyante administration.

---

(1) Selon M. le comte Chaptal, leur étendue serait de 22,818,000 hectares, et suivant M. Herbin de Halle (*Petit Mémorial de* 1825) cette étendue s'élèverait à 24,825,776 hectares.

TROISIÈME ET DERNIÈRE PARTIE.

DES USINES A FER,

Considérées comme nécessaires à la prospérité des pays boisés, et comme unique moyen d'arrêter les progrès des défrichemens.

CHAPITRE PREMIER.

PREMIÈRES PREUVES.

§ I.

Il n'est qu'un moyen de créer ou d'exalter le prix d'un objet quelconque de consommation (matière première s'entend), c'est d'exciter l'augmentation de la consommation même, et il n'est point pour les bois de plus grand excitateur en ce genre que les usines.

Justifions cette opinion par quelques exemples puisés isolément au nord, au centre et au midi de la France, dans chacune de ses régions, et à des temps différens.

Région nord-ouest.

Parmi les nombreux établissemens qui existent en Normandie, on citera les forges et hauts-fourneaux du vieux Conches, aujourd'hui les Vaux-Goins, situés dans le département de l'Eure. Les guerres de la Ligue devinrent funestes à ces usines ; leur ruine laissa sans débouché les vastes forêts qui venaient y consommer leurs produits, et la population s'expatria. Ces faits sont constatés par des actes authentiques dont voici l'extrait :

Vers la fin du XVIe siècle, Maurice Allard exposa au roi (Henri IV) « qu'il « y avait eu autrefois des forges à fer et fourneaux proche le parc de « Conches, lesquels étaient dès long-temps en ruine *au grand préjudice du « gouvernement et de l'intérêt public*, tant en ce que le revenu des ventes « des bois et forêts de Conches et de Breteuil appartenant au roi *augmen-*

« *teraient grandement* par le rétablissement des forges et fourneaux, qu'en « ce que le pays *qui était délaissé* se pourrait remettre. »

Allard observa que les places dont il s'agissait avaient été engagées, en l'an 1526, à la veuve Grenet, moyennant 100 francs une fois payés, et il demanda au roi de vouloir bien lui fieffer les places et lieux susdits en remboursant ladite Grenet, offrant de *rétablir et mettre sus lesdites forges et fourneaux*.

Des informations furent prises sur les avantages qui pouvaient résulter des propositions d'Allard; elles établirent *qu'ils étaient tels qu'il les avait annoncés*. En conséquence, le roi, par ses lettres-patentes des mois de janvier et octobre 1598, fieffa en tant que de besoin à Allard lesdites places des fourneaux et forges, à la charge expresse de faire *bâtir, édifier, construire et mettre sus* lesdites forges et fourneaux, etc.

Ces conditions ont été religieusement remplies. Il est inutile d'ajouter que les résultats ont surpassé l'attente, que ce point est occupé par une population nombreuse, et qu'il est l'un des lieux de la France où les bois ont le plus de valeur.

En Berry, les forges et hauts-fourneaux d'Ardentes, de Lille, du Noyer et de Vierzon, que l'on compte parmi les manufactures les plus considérables de France, ne doivent leur existence qu'aux débouchés qu'elles offrent au produit des bois de Châteauroux, d'Issoudun et de Vierzon, dont on a vu que l'étendue était de 42,000 arpens, et dont les aménagemens sont disposés, depuis 1784, pour l'aliment de ces usines. L'arrêt du Conseil d'État du roi, du 6 avril 1784, qui prescrit l'aménagement des bois de la maîtrise de Vierzon, s'exprime ainsi : Région nord-est.

« *L'avantage que présente cet aménagement est d'autant plus inappré-* « *ciable que la majeure partie des coupes est destinée* À L'ALIMENT DE LA « FORGE *que M. le comte d'Artois a fait établir à Vierzon.* » Le procès-verbal d'exécution transcrit à la suite de cet arrêt porte, page 28 : « *que les* « *bois de cette maîtrise ont été aménagés, lors de la dernière réformation,* « *pour être coupés en futaie à l'âge de cent cinquante à deux cents ans,* « ATTENDU QUE L'ON NE CONNAISSAIT POINT ALORS DE DÉBOUCHÉS POUR LEUR CON- « SOMMATION. »

Le plan d'aménagement des bois du duché de Châteauroux indique *que ces bois sont destinés à l'affouage des forges*.

La forêt de Chœurs, dépendant d'Issoudun, était affectée pour moitié au chauffage de cette ville *et l'autre moitié au fourneau du Noyer.*

Tous ces bois, avant la création des divers établissemens qui en absorbent aujourd'hui les produits, étaient donc sans destination fixe, et se perdaient sur pied.

Région sud-est.

En Bourbonnais, la forêt du Tronçais, remarquable par son étendue, qui est de près de 20,000 arpens, était d'un revenu à peu près nul, il y a quarante ans; aujourd'hui son produit est élevé de 70,000 à 80,000 francs (1), par le résultat d'une concession qui remonte à 1788 et dont l'effet vient de cesser; cette concession a été faite à M. Rambourg, qui a créé dans cette forêt même, sur la commune de Saint-Bonnet-le-Désert (2), des forges et hauts-fourneaux qui en brûlent les superficies. L'aménagement des taillis de cette forêt est approprié aux besoins de ces nouveaux établissemens.

Région sud-ouest.

Dans le Béarn, la vallée de Baïgorry, située dans le département des Basses-Pyrénées, troisième arrondissement, abondante en bois, mais qui sont inaccessibles à la marine et au commerce par la difficulté de l'extraction que présentent les montagnes sur lesquelles ils s'élèvent, et où la carbonisation sur place est la seule voie de consommation, renferme aussi de riches minerais de cuivre et de fer, qu'un industrieux étranger (M. Beugnière de La Tour) imagina d'utiliser au commencement du XVIIIe siècle. Favorisé dans ses projets par le monarque, il créa dans ce pays une fonderie, dont les fondations furent jetées en 1727, et qui vit bientôt s'élever dans son voisinage une commune dont la population a été portée en peu de temps à 1,100 individus; mais les guerres de la révolution causèrent, en 1793, la ruine de ce précieux établissement. Nos frontières furent alors un instant ouvertes aux Espagnols, qui, jaloux de sa prospérité, en comblèrent, incendièrent, dispersèrent et détruisirent les galeries percées pour l'exploitation des mines, les aquéducs, les travaux et les machines hydrauliques, les bâtimens, les forges, les hauts-fourneaux et les magasins. Des ruines de ce

---

(1) C'est le dire de MM. les agens forestiers qui l'ont administrée.

(2) Rien ne démontre mieux l'état de stérilité de cette contrée, avant l'établissement des forges du Tronçais, que ce nom de la commune sur laquelle elles ont été construites.

vaste établissement, à peine avait-on pu tirer une petite forge que la guerre de 1814 était encore venue détruire et ravager. Ainsi cette contrée fut, pendant plus de trente ans, replongée dans son inertie primitive. Les minerais demeurèrent enfouis dans la terre, les bois restèrent sans débouchés; ce qui fut la cause de dévastations de tout genre auxquelles ils furent exposés, les habitans y prenant sans règle et sans méthode ce qui devait satisfaire leurs besoins, s'inquiétant peu de laisser dévorer les jeunes rejets par les bestiaux. Bientôt la population alla chercher ailleurs des moyens de subsistance que l'absence du travail avait éloignés de cette localité.

Les choses en étaient à ce point, lorsqu'un nouveau Beugnière (M. Ricqbour) fut subrogé à perpétuité à l'ancienne concession royale par traité du 24 février 1825, homologué par le roi le 24 novembre 1826. Confiant dans la bienveillance du gouvernement, M. Ricqbour avait devancé le terme de sa concession en commençant dès 1821 à réédifier tout ce qui avait été détruit, et depuis sept ans cette régénération est l'objet de ses soins et de sa sollicitude. Du moment où ces usines ont été en roulement, la population a cessé de s'expatrier, l'agriculture est excitée à produire par la consommation et le débouché qu'elles lui offrent; les fourrages, qui étaient jusque là sans valeur, trouvent, dans les besoins de plus de 300 mulets employés aux transports de toute espèce, une augmentation considérable dans le prix de leur vente; le vin qui, jusqu'en 1821, ne valait que 25 à 30 fr. le tonneau, s'y vend aujourd'hui 80 francs. Enfin, plus de 40,000 arpens de bois du Pays-Quint, restés sans valeur pendant trente années, ont aujourd'hui un écoulement assuré; aussi travaille-t-on avec activité à leur régénération, et bientôt l'on ne verra plus ici de vastes espaces n'offrant que des cépées rabougries, et là une quantité considérable d'arbres condamnés à périr de vétusté.

Dans tous les temps et dans tous les lieux, les usines ont donc été une source féconde de prospérité. Elles vivifient les pays arides et peu susceptibles de culture, fertilisent la terre par le surcroît d'engrais qu'elles y déposent, naturalisent l'industrie parmi les habitans qui n'en avaient aucune (1); elles sont le centre des opérations commerciales, les réservoirs

(1) Elles transforment un manœuvre à 1 f. par jour en un forgeron à 5 f. par jour. L'un et l'autre meurent sans laisser d'économies, conséquemment tout passe dans la consomma-

où les capitaux viennent affluer pour se répandre ensuite dans toutes les classes de la société et arriver plus directement à l'indigence; elles mettent en plein rapport des bois périssans sur pied, faute d'emploi; et la conversion de ces bois en charbon crée aussitôt un triple travail (l'exploitation, la carbonisation et le transport) pour les habitans des contrées boisées, ordinairement si pauvres, tant que des établissemens de ce genre ne viennent pas y jeter une nouvelle vie.

§ 2.

Usines du Berry et du Nivernois.

C'est surtout dans les anciennes provinces du Berry et du Nivernois, si arriérées sous le rapport de l'agriculture et de l'industrie (1), et si négligées sous celui des communications qu'il serait cependant facile d'y introduire (2), que ces précieux établissemens produisent l'effet le plus salutaire. Ils en sont le principe vital, et c'est par eux seuls que la classe laborieuse méconnaît l'affreuse misère dans laquelle elle serait plongée, si leur activité cessait, ou même se ralentissait.

Le bien-être qu'elles répandent dans cette classe a sa source dans les frais de fabrication, dont la plus forte partie se compose de main-d'œuvre et de transports.

---

tion; et celle du vin chez le forgeron est la plus forte, soit par goût, soit à raison des pertes qu'il fait par la transpiration, tandis que le manœuvre ne boit perpétuellement que de l'eau, vu la modicité de son gain. Il y a donc inconvénient, surtout pour les vignobles, à faire descendre un forgeron à l'état de manœuvre, et cet inconvénient est remarquable dans les établissemens de la vallée de Baïgorry, où, avant leur restauration, le vin ne valait que de 25 à 30 f. le tonneau, tandis qu'il a été élevé depuis à 80 f.

(1) Le Berry est partagé entre les départemens de l'Indre et celui du Cher, et le Nivernais compose celui de la Nièvre. L'Indre est le plus faible de tous les départemens de la région nord-ouest, en population relative et en produits territoriaux; il est celui de tous ceux de cette région qui paie le moins de contribution par hectare et par tête.

Il en est de même, à quelques légères exceptions près, du département du Cher, comparé à ceux de la région nord-est.

Le département de la Nièvre jouit, sous ce rapport, de quelques avantages sur celui du Cher; mais il n'en est pas moins l'un des plus faibles de la même région.

(2) Les matériaux de toute espèce abondent dans les deux provinces.

Voici les détails de ces frais pour 1,000 kilogrammes de fer fabriqué dans le Berry, où la plupart des élémens de la dépense sont à meilleur compte que partout ailleurs :

1° Loyer, ou cours d'eau : {pour la fonte en gueuse......... 10 f. » c.
pour le fer........................ 20 »

2° Charbon : valeur sur pied d'une corde de bois de charbonnage de 8 pieds de couche, 4 pieds 3 pouces de hauteur, verte, sans chantiers ni brides, la longueur du rondin de 30 pouces représentant 85 pieds cubes.................. 6 f. (1)

Cette corde rend 5 sacs de charbon de 6 pieds cubes.

Frais d'exploitation	1 f. 25 c.			
Cassage et places à fourneau	» 40			
Levage	» 15		12	»
Dressage	» 20			
	2 f. » c.	3		
Cuisson, le sac 20 c. la corde	1 »			
Transport à l'usine		3		

Les 1,000 kil. de fonte consomment 40 s. de ch. ou 8 c.
Et les 1,000 kil. de fer *idem* 60 *idem* 12 c.
Le sac revient à 2 francs 40 cent.

3° Minerai : On emploie 4 pipes, ou 2 tonneaux, de mines mélangées ; la pipe coûte de droit de propriété. » f. 40 c.

Extraction et lavage	2	60	8	»
Transport	5	»		

4° Castine : Il en faut 2 pipes, ou un tonneau. La pipe revient pour droit de propriété à.................. » 15

Extraction	1	10	3	25
Transport	2	»		

(1) C'est environ 2 fr. le stère, pour prix moyen dans les départemens du Cher et de l'Indre.

5° Façon :	de la fonte	12	»
	du fer	40	»
6° Frais généraux :	pour la fonte	10	»
	pour le fer	40	»

FRAIS DE FABRICATION DE 1,000 K° DE FONTE EN GUEUSE.	DROIT DE PROPRIÉTÉ.		ACHAT DE BOIS.		EXPLOITATION ET MAIN-D'ŒUVRE.		TRANS-PORT.		SOMMES TOTALES.
	Prix.	Somme.	Prix.	Som.	Prix.	Somme.	Prix.	Som.	
	cent.	fr. c.	fr.	fr.	fr. c.	fr. c.	fr.	fr.	fr. c.
Cours d'eau	„	10 „	„	„	„ „	„ „	„	„	10 „
8 Cordes de charbonnage	„	„ „	6	48	3 „	24 „	3	24	96 „
4 Pipes de mines mélangées	40	1 60	„	„	2 60	10 40	5	20	32 „
2 Pipes de castine	15	„ 30	„	„	1 10	2 20	2	4	6 50
Façon	„	„ „	„	„	„ „	12 „	„	„	12 „
Frais généraux	„	„ „	„	„	„ „	10 „	„	„	10 „
		11 90		48		58 60		48	166 50
FRAIS DE FABRICATION DE 1,000 K° DE DIVERSES MOULERIES ET POTERIES.									
Fonte dans le creuset	„	11 90	„	48	„ „	58 60	„	48	166 50
Le 1/6 à ajouter pour déchet	„	1 98	„	0	„ „	9 77	„	8	27 75
Frais ordinaires de fabrication	„	„ „	„	„	„ „	72 „	„	„	72 „
Frais généraux	„	„ „	„	10	„ „	40 „	„	10	60 „
Loyer de la moul., patrons, chassis et autr. ustensil.	„	20 „	„	„	„ „	„ „	„	„	20 „
		33 88		66		180 37		66	346 25
FRAIS DE FABRICATION DE 1,000 K° DE FER.									
Il faut au millier de fer env. 1500 de fonte, revent à.	„	17 85	„	72	„ „	87 90	„	72	249 75
Cours d'eau	„	20 „	„	„	„ „	„ „	„	„	20 „
12 Cordes de charbonnage	„	„ „	6	72	3 „	36 „	3	36	144 „
Main-d'œuvre	„	„ „	„	„	4 „	40 „	„	„	40 „
Frais généraux	„	„ „	„	„	„ „	40 „	„	„	40 „
		37 85		144		203 90		108	493 75

	MAIN-D'ŒUVRE	TRANSPORT.	TOTAL.
	fr. c.	fr. c.	fr. c.
Il résulte de ces détails que près des ²/₃ des frais de fabrication du fer sont absorbés par la main-d'œuvre et les transports, savoir.	203 90	108 »	311 90
Mais les usines sont sujettes à de grosses réparations aux charges du propriétaire (1), et que l'on évalue au ¹/₃ du revenu brut (2). Or, le revenu brut du cours d'eau, de la fonte et du fer sont ici de 35 f., dont le ¹/₃ est de 11 f. 67 c. Sur cette dernière somme les matériaux bruts n'entrent pas pour le ¹/₃; le reste que l'on arrêtera à 8 f., se partage à peu près par moitié entre la main-d'œuvre et les transports, ci.	4 »	4 »	8 »
D'un autre côté, la fabrication de 1000 k° de fer consomme, fonte comprise, 24 cordes de bois de charbonnage, qui sont le produit moyen d'un demi-hectare à l'âge de 20 ans.			
Or, on a vu que les frais de surveillance pour les bois du Gouvernement étaient par hectare de 3 f. par an. En réduisant ces frais pour les particuliers à 2 f., ce serait pour un demi-hectare 1 f., et pour 20 ans. 20 f.			
Frais de clôture et d'entretien, évalués à moitié de la surveillance. 10 f.			
Total à retrancher du droit de propriété, et à ajouter à la main-d'œuvre. 30 f.	30 »	» »	30 »
	237 90	112 »	349 90

Ainsi la main d'œuvre est de. 237 f. 90 c.
Les transports sont de. 112 »

Total dans lequel l'ouvrier participe presque seul pour les ²/₃ et le voiturier pour l'autre ¹/₃. 349 f. 90 c.

Le surplus se divise entre différens propriétaires, qui sont:

1° Le propriétaire d'usine pour revenu net imposable de son cours d'eau pour... 23 f. 33 c.
2° *Idem* des matériaux divers employés aux réparations. 3 67

27 f. » c.

3° *Idem* de minerai. 2 40
4° *Idem* de castine. » 45

29 f. 85 c.
5° *Idem* de bois, pour revenu net imposable. 114 »
} 143 28

Total pareil. 493 f. 75 c.

(1) Art. 605, C. c.

(2) Art. 87 de la loi du 23 novembre 1798.

Ce qui revient à ces propriétaires n'est donc que dans la proportion du 1/3 au 1/4 des frais généraux de fabrication du fer, et ce revenu, dont ils seraient en majeure partie privés si les forges devenaient inactives, retourne encore au profit de l'homme de peine par les travaux et les améliorations qu'un revenu assuré permet à ces propriétaires de faire exécuter.

D'après un relevé qui nous a été communiqué, des fabrications actuelles des départemens de l'Indre, du Cher et de la Nièvre, les usines du département de l'Indre fabriquent annuellement en gros fers... 3,400,000 k.

Celles du Cher aussi en gros fers.......................... 3,600,000

Et celles de la Nièvre { en gros fers.. 4,500,000 / en menus fers 5,500,000 }.... 10,000,000

Total...... 17,000,000

Il s'y fabrique aussi des fontes en mouleries et poteries, savoir :

Dans le département de l'Indre.............................. 600,000 k.

Et dans celui du Cher.. 800,000

Total...... 1,400,000

En partant du minimum des frais de fabrication dont on a vu que le détail pour les fers s'élevait à 493 francs 75 centimes par °/oo k.

Et pour les fontes moulées à 346 25 *id.*

On aura pour frais généraux de 17,000,000 de fer....... 8,393,000 fr.

Et pour frais généraux de 1,400 milliers de fontes moulées.. 484,750

Total général des frais de fabrication... 8,878,500

Environ 9,000,000 sont donc mis en circulation par le seul fait des usines à fer, et cela uniquement pour frayer aux dépenses de fabrication de la fonte et du fer. Sur ce capital la classe ouvrière prélève environ... 4,000,000

Deux autres millions environ se distribuent entre les voituriers, dont la plupart sont cultivateurs (1), ci.............. 2,000,000

A reporter....... 6,000,000

(1) Tout est bénéfice pour ceux-ci; car les transports ne sont en pleine activité que dans les saisons mortes, c'est-à-dire aux époques où les travaux de la campagne sont suspendus et où le laboureur garderait ses domestiques à ne rien faire et ses bestiaux à l'écurie consommant des fourrages sans utilité.

Report ci-contre................	6,000,000
Et les trois autres millions se partagent entre les propriétaires, les préposés aux usines et le gouvernement à cause des divers impôts..	3,000,000
Total égal........	9,000,000

Si ces capitaux qui se multiplient par le déplacement et qui par leur mouvement impriment à l'industrie et au commerce une grande activité, étaient retirés de la circulation, la ruine de ces départemens ne serait point douteuse; et qui sait jusqu'où s'étendraient ses ramifications!

D'après cela, on ne peut nier que les usines à fer ne soient d'un avantage marqué pour les contrées qui les possèdent; mais jusqu'ici elles n'ont acquis de développemens remarquables que dans les pays boisés (1) où elles trouvent dans le charbon de bois un aliment d'autant plus précieux, que sa combinaison avec les autres matières premières d'approvisionnemens permet de faire arriver la fabrication du fer au plus haut degré de perfectionnement.

Les bois de leur côté ont donc, indépendamment de la salubrité qu'ils répandent dans leur voisinage, l'avantage d'attirer l'industrie. Ce ne sont pas seulement les forges qui viennent y trouver leur place; toutes les autres fabriques consommant du bois viennent aussi s'y fixer, lorsqu'elles doivent, comme les forges, s'y trouver à portée de leurs autres besoins.

Les différens genres d'industrie de ces établissemens, combinés avec les ressources territoriales des pays boisés, dotent ceux-ci de plus d'une richesse et leur donnent sur les autres une supériorité que nous allons faire ressortir, en établissant des analogies entre les parties les plus boisées de la France et celles qui le sont moins.

---

(1) A côté des usines alimentées exclusivement par le bois, il s'en est depuis peu élevé d'autres où la fonte est alternativement traitée au bois et à la houille, et le fer uniquement à la houille. Tels sont les établissemens d'Hayange (Moselle), de Gondrecourt (Meuse), de Fourchambault (Nièvre), du Creusot (Saône-et-Loire), de Saint-Julien et de Terre-Noire (Loire). La fonte et le fer sont traités de la même manière dans quelques hauts-fourneaux et forges des départemens de la Loire-Inférieure, d'Ile-et-Vilaine, de l'Oise, du Nord, des Ardennes, des Vosges, du Doubs, de la Côte-d'Or, du Cher, de l'Isère et du Gard. Il se forme actuellement dans les bassins houillers de ce dernier département et de celui de l'Aveyron des établissemens où les minérais et les fontes y sont exclusivement traités à la houille, à l'instar de l'Angleterre. Mais les fers traités par ces divers procédés sont loin d'atteindre la qualité de ceux dont le minerai et la fonte ne sont traités qu'au bois.

CHAPITRE DEUXIÈME.

DEUXIÈMES PREUVES PRINCIPALEMENT APPLIQUÉES A LA RÉGION NORD-EST COMME ÉTANT LA PLUS BOISÉE.

§ 1.

Composition des régions.

Ce n'est pas dans les départemens pris isolément qu'il convient d'aller chercher des points de comparaison; on tomberait dans de grandes erreurs si l'on agissait ainsi; car il arrive souvent qu'un département voisin exploite à son profit la richesse de l'autre, soit parce que les habitans y sont plus actifs ou plus industrieux, soit parce que la division territoriale a placé près de ses limites des établissemens compris sur un autre territoire qui est privé de moyens d'en tirer parti, soit à raison des communications plus faciles, soit enfin par tout autre avantage de sa position (1).

Pour arriver à un résultat satisfaisant, il convenait donc de prendre une masse compacte de départemens où toutes les qualités du sol, tous les genres d'industrie et de commerce, tous les moyens de communication, tant à l'intérieur qu'à l'extérieur, toutes les différences enfin vinssent se compenser et faire disparaître tout ce qu'il y aurait de choquant dans la comparaison d'un département avec un autre, ou même de quelques départemens entre eux. Ce sont ces considérations qui nous ont fait adopter la distribution de la France en quatre parties à peu près égales auxquelles nous avons donné le nom de régions; et pour base de cette distribution, nous nous sommes servis, comme on l'a déjà dit, du méridien de l'observatoire royal qui traverse le royaume vers son milieu et sur lequel une ligne perpendiculaire a été abaissée vers l'extrémité du département du Cher. Cette ligne sépare le nord et le midi en deux parties comportant chacune 42 départemens. C'est elle qui, avec le méridien, partage la France en quatre régions qui ont pour limites intérieures celles des

(1) Les forges d'Ans, de Jumilhac, de Fimbeix, de Sainte-Marie, de Fragie, situées dans le département de la Dordogne, sur les limites de celui de la Haute-Vienne, tirent une grande partie de leurs charbons des bois de ce dernier département.

départemens qui en sont les plus voisins. On n'aurait pu se servir rigoureusement de ces lignes pour limites, sans morceler beaucoup de départemens; ce qui aurait rendu presque impossible cette partie de notre travail.

Chacune des régions a ses communications, tant à l'intérieur qu'à l'extérieur. Elles ne diffèrent dans leur étendue territoriale que par la fraction qui excède 13,000,000 d'hectares.

L'inspection de la carte et des quatre tableaux numéros 2 A, 2 B, 2 C, et 2 D, suffit pour se former une idée juste de cette distribution et des motifs qui l'ont dictée.

Voici les résultats qu'ils présentent pour la France entière.

1 — ÉTENDUE EN SURFACE.

L'étendue générale du royaume est de.................. 53,702,871 hec. Voir le tableau numéro 2 A.
Les forêts qui s'y trouvent comprises sont de........... 6,842,623

Reste pour le sol découvert.... 46,860,248

Les forêts se divisent ainsi qu'il suit (1) :

Bois soumis à l'action du Gouvernement.	Bois du domaine de l'État..................	1,134,961	3,094,865	6,842,623 hect.
	Bois des Communes et des Établiss. publ.	1,959,904		
	NOTA. Ces derniers bois se distribuent entre 11,261 communes et établissemens publics.			
Bois étrangers à l'action du Gouvernement.	Bois de la Couronne........................	66,592	3,747,758	
	Bois des Princes de la Famille Royale...	193,970		
	Bois des Particuliers....	3,487,196		

2 — POPULATION.

Les 86 départemens se composent de 38,849 communes peuplées en 1827, Voir le tableau numéro 2 B.
d'après les états joints à l'ordonnance du 15 mars même année, de 31,845,428 hab., mais restreints par notre tableau nº 2 B (2) à........ 31,838,171
L'ordonnance du 16 janv. 1822 avait fixé cette popul. à 30,449,081

Accroissement de 1822 à 1827...... 1,389,090

(1) Les quantités dont il va être question diffèrent un peu des quantités générales exprimées au Mémorial forestier de 1828 où l'on a puisé tous les élémens du tableau numéro 2 A. Ces différences résultent de la comparaison qui a été faite des détails avec l'ensemble de chaque conservation, ce qui a donné lieu à une multitude de rectifications d'où sont ressorties ces différences.

(2) Différence en moins, 7257 habitans, résultant d'erreurs légères sur quelques départemens, et qui ont été redressées par le Mémorial forestier de 1828 auquel on a préféré s'en rapporter à raison des détails qu'il contient.

Cet accroissement a eu lieu dans chaque région ainsi qu'il suit :

Région nord-ouest	501,791	1,389,090. Le 1/4 pour rég. moyen. 347,273
Région nord-est...	414,860	
Région sud-est....	265,674	
Région sud-ouest.	206,765	

Comme la campagne est le plus fortement intéressée à l'existence des bois et des usines, à raison des ressources et des travaux qu'elle y rencontre, nous avons pensé qu'il ne serait point indifférent de trouver ici le rapport qui peut exister entre les habitans des villes et ceux des campagnes ; à cet effet, nous avons divisé la population en deux parties, considérant comme population urbaine celle qui existe dans les villes de 1000 habitans et au-dessus, et comme population rurale celle qui habite les petites villes, bourgs et hameaux au-dessous de 1000 âmes. En voici la répartition :

Population urbaine.	22	villes de 30,000 habit. et au-d...	2,069,000	8,243,391
	23	*id.* de 20 à 30,000 habitans..	537,000	
	79	*id.* de 10 à 20,000 habitans..	945,000	
	1743	*id.* de 1.000 à 10,000 habit..	4,692,391	
	1867			
Population rurale.		Villes, bourgs, hameaux, etc., etc. au-dessous de 1000 habitans......................................		23,594,780
			Total égal..........	31,838,171

On voit par ce résumé que la population urbaine n'entre que pour 1/4 et la population rurale pour les autres 3/4 dans le compte général (1).

Le nombre d'habitans, comparé à la masse du territoire, place 1 individu sur 1 hectare 69 ares ; mais si de ce territoire on en distrait les forêts qui ne sont point habitées, le sol découvert comptera 1 individu par 1 hectare 47 ares.

3. — USINES ET VIGNES.

Voir le tableau numéro 2 c.

Les forêts trouvent le complément de la consommation de leurs produits dans les usines à fer et autres fabriques, et dans les vignes.

(1) Cette proportion peut être admise nonobstant l'aisance qui se rencontre dans les endroits composés de moins de 1000 habitans, attendu que la compensation s'établit par les faubourgs des villes de 1000 habitans et au-dessus qui, la plupart, sont peuplés de familles habituées aux travaux de la campagne et qui s'y livrent exclusivement.

Les usines à fer, répandues sur tout le royaume, se composent: 1° de 435 hauts-fourneaux, dont 417 sont alimentés par le bois, 6 par le bois et le coak et 12 par le coak; 2° de 1,088 feux d'affinerie au bois et de 139 fours d'affinage à la houille; 3° de 106 forges à la catalane; 4° enfin de 11 fonderies royales de canons et 12 arsenaux et manufactures d'armes blanches et à feu.

34 départemens fabriquent le verre blanc.
6 *id.* le verre noir.
4 *id.* les glaces.
12 *id.* la porcelaine.
28 *id.* la fayence.
24 *id.* la poterie.
14 *id.* la tuile et la brique.
26 comportent des fours à plâtre et à chaux.
Et 60 sont en possession de tanneries et fabriques de cuirs.

Quant aux vignes, leur étendue générale, d'après l'Almanach du commerce de 1829, est de 1,862,816 hectares (1).

4. — REVENU ET IMPÔT.

Le produit général de la propriété foncière de la France est évalué à 1,576,238,370. Ce produit, comparé avec l'étendue et la population, assigne un revenu moyen à chaque hectare de 29 fr. 42 c., et à chaque individu de 49 fr. 62. c.

Voir le tableau numéro 2 D.

---

(1) M. de Saint-Cricq, dans son discours à la Chambre des députés, le 16 juillet 1828, a dit que l'étendue présumée des vignes était, en 1789, de............ 1,200,000 hec.
En 1808, de............ 1,600,000
En 1824, de............ 1,728,000
Et l'Almanach du commerce de l'année 1829 élève cette étendue à... 1,872,816
Tout le monde est d'accord sur l'accroissement progressif du territoire vignoble, mais chacun diffère sur sa véritable étendue.
Les auteurs d'un petit ouvrage publié en 1828, extrait du Dict. univ., porte cette étendue à............ 1,977,000
M. Herbin de Halle, dans son Mémorial forestier de 1825, l'élève à... 2,227,000
Et M. Daunant, dans son discours à la Chambre des députés du 18 avril 1829, tout en ne contestant point les étendues annoncées par M. de Saint-Cricq pour les années 1789 et 1808, n'assigne aux vignes, en 1814, qu'une contenance de............ 1,360,000
De toutes ces données, on pense que la plus rapprochée de la vérité est le détail par départemens qui se trouve exprimé dans l'Almanach du commerce de 1829, d'où il résulte que depuis 1789 le terrain vignoble se serait accru de moitié en sus de l'étendue qu'il avait alors.

La contribution foncière appliquée à ce revenu est, pour 1829, de 202,754,480 fr., d'où il suit que l'hectare moyen paie 3 fr. 78 c., et que chaque individu se trouve cotisé à 6 fr. 37 c.

La contribution personnelle et mobilière étant, pour la même année, de 35,589,793 fr., c'est par tête 1 fr. 12 c.

Ces connaissances générales ainsi acquises, nous allons entrer dans la comparaison des régions entre elles, et particulièrement de la région nord-est avec le royaume.

§ 2.

Comparaison de la région nord-est avec la France entière.

Pour parvenir à ce but avec plus de succès, il nous a paru convenable de composer une région moyenne basée sur le quart des étendues, quantités et sommes précédentes. Cette opération, qui se rencontre dans le résumé des quatre tableaux numéros 2 A, 2 B, 2 C, 2 D, démontre que la région nord-est a une étendue de 352,663 hectares, inférieure à la région moyenne, et que, rappelée à celle-ci, son sol se trouve couvert de 1,365,406 hectares de bois de plus.

L'ÉTENDUE TERRITORIALE de la région moyenne étant de 13,425,715 hectares, l'excédant du sol boisé de la région nord-est en est à peu de chose près le 1/10e.

Or, les forêts n'étant point habitées, il est naturel de croire que le territoire qui s'en trouve le plus chargé contient moins d'individus; s'il en était ainsi, la région nord-est ne contiendrait que les 9/10e de la population absolue qu'elle obtiendrait, si les 1,364,406 hectares d'excédant en bois sur la région moyenne étaient abandonnés à l'agriculture. Ce déficit sur la population devrait être d'autant plus sensible que les villes de 20,000 habitans et au-dessus, sans être plus rares dans cette région que dans la région moyenne, ne comptent ensemble que............ 456,000 individus,
tandis que celles de la région moyenne en renferment.. 651,000

d'où il suit une différence en moins de................ 195,000

D'un autre côté, son revenu territorial devrait aussi être moindre, puisqu'il est reconnu que 3 hectares de bois ne produisent pas plus qu'un hectare de toutes les natures de cultures mélangées, et qu'elle compte en bois 1/10e de son territoire qui ne trouve rien d'analogue dans la région moyenne.

On a vu que le revenu général était de 1,576,238,370, et que, réparti sur toute l'étendue du royaume, chaque hectare était censé produire 29 francs 42 centimes. Mais en n'appliquant ce revenu qu'au sol productif, qui se réduit à 43,306,867 hect., il s'élève à 36 fr. 40 cent.; et comme l'hectare de bois n'entre que pour 1/3 dans ce revenu, il convient d'en faire supporter les deux autres tiers aux 1,365,406 hectares de bois excédant dans la région nord-est, ce qui donne un déficit de 33,133,852 francs dans le revenu de cette région. Ce déficit devrait encore s'accroître par la plus faible étendue du territoire vignoble qui est l'une des natures de culture la plus productive (1), car la région moyenne en contient....... 465,704 hec.
tandis qu'il n'en existe dans la région nord-est que......... 396,272

Différence en moins........... 69,432

(1) Un proverbe fort ancien dit que la vigne rachète le pré. On se récrie beaucoup dans ce moment-ci contre ses produits, et c'est toujours ce qui arrive lorsque plusieurs récoltes abondantes se succèdent. Les celliers s'encombrent et le producteur s'en alarme, quoique l'expérience des temps lui indique que l'instant n'est pas éloigné où il sera amplement dédommagé de ses privations, de ses pertes et de ses avances. Cet instant est-il arrivé, il se plaint encore, mais il replante de la vigne, et depuis quarante ans plus de 600,000 hectares, pris indistinctement sur toutes les natures de culture, et même sur les meilleurs fonds de prés, ont été ajoutés à 1,200,000 hectares seulement qui existaient en France en 1789.

M. le Receveur général de Saône-et-Loire n'hésite point dans le moment même où la vigne est frappée de défaveur, d'arracher 300 *hectares* de bois pour leur faire produire de la vigne (voir p. 56).

Les premiers avantages du défrichement sont ordinairement recueillis par le laboureur, et c'est lorsque ses champs sont en plein rapport que la vigne en fait la conquête. M. Lafond, l'un des plus riches négocians de la capitale, a, depuis peu, converti en vignes de vastes domaines qui dépendaient de sa terre du Nozet, située dans le vignoble de Pouilly-sur-Loire.

De même que le propriétaire de bois doit avoir d'autres ressources pour attendre le moment utile d'exploiter ses superficies, de même le propriétaire de vignes doit avoir une fortune qui lui permette d'attendre le moment favorable pour la vente de ses vins. Ces deux genres de propriété ne peuvent donc appartenir qu'à la classe aisée, pour ne pas dire riche. La ruine du vigneron-propriétaire vient principalement de l'emploi qu'il fait des bénéfices d'une bonne année; car il ne voit dans ces bénéfices qu'un revenu net et extraordinaire qui lui permet d'accroître sa propriété, sans songer que cette prétendue augmentation dans son revenu n'est que momentanée, qu'elle n'est souvent que la somme des revenus qui lui ont été enlevés par les mauvaises années, et qu'elle doit être réservée pour celles dont il est menacé. Il ne considère que le résultat; aussi s'empresse-t-il de multiplier ses chances de détresse en employant ses fonds à l'accroissement d'une propriété plus sensible que toute autre, dans les pays septentrionaux, aux intempéries des saisons; et la gelée, la grêle, la grillure, la coulure et autres accidens détruisent en un instant ses espérances et le mettent en état de ruine. Le riche, au contraire, prévoit ces désastres et les tourne à son profit en se rendant maître du prix des vins qu'il a conservés.

Malgré ces circonstances défavorables, la région nord-est ne cède rien de ses avantages au surplus de la France; elle se maintient dans un équilibre parfait sous tous les rapports, ainsi que nous allons le voir.

Pour la population : la région moyenne, composée de 9,712 communes, comporte.. 7,959,543 hab.

Et la région nord-est, rappelée à l'étendue de la précédente, contient 12,540 communes occupées par............ 7,945,602

Différence en faveur de la région nord-ouest..... 13,941

Cette population, partagée entre les villes et les campagnes, présente :

	POP. URB.	POP. RUR.
Pour la région moyenne..........................	2,060,848	5,898,695
Et pour la région nord-est..........................	2,084,366	5,860,236
Différence en plus et en moins..........	pl. 24,518	m. 38,459

La population de la France, comparée à son territoire, place un individu sur.................................. 16,867 mètres carrés ou 1 hec. 69 ares.

Et la portion qui habite la région nord-est, rappelée à l'étendue moyenne, compte 1 individu sur	16,897	*id.*	1	69
Mais si de part et d'autre on retranchait les forêts, le sol découvert présenterait, pour la région moyenne, 1 habitant sur..........	14,718	*id.*	1	47
Et pour la région nord-est, 1 habitant sur..............................	13,026	*id.*	1	30

Dans le premier cas, la population de cette dernière région est en parfait rapport avec le reste du royaume; et dans le second cas, il est évident qu'elle y est proportionnellement plus forte. Elle s'y trouve aussi plus également répartie; car elle se divise entre 12,540 communes dans lesquelles sont comprises :

	COMMUNES.	VILLES.
600 Villes de 1,000 habitans et au-dessus, ci.....	12,540	600
Tandis que la région moyenne ne comporte que...	9,712	467
Différence en faveur de la région nord-est...	2,828	133

Les 133 villes qui se trouvent ici en plus se partagent la différence de 195,000 habitans existant entre les 11 villes de 20,000 ames et au-dessus, comprises dans la région moyenne, et les 13 villes de même ordre, situées dans la région nord-est.

Il est à remarquer que de 1822 à 1827 (dans l'espace de cinq ans seulement), la population s'est accrue dans la région nord-est de 414,860, et que cet accroissement a été beaucoup moins rapide dans les autres régions; car il surpasse celui de la région nord-ouest, déduction faite du département de la Seine, dont l'accroissement a été de 191,667 individus, de.................... 104,736 }
Celui de la rég. S.-E., de 149,186 } 462,017. Le $^1/_4$ p. moy. 154,018.
Et celui de la r. S.-O., de 208,095 }

La région nord-est étant composée de 21 départemens, c'est par département 782,749 individus en cinq ans, et par an 1,467, que l'on peut élever à 1,500, en raison de la plus faible étendue de cette région.

Pour le revenu : celui de la région nord-est, rappelé au $^1/_4$ de l'étendue générale, s'élève à.. 396,272,770 f.

Et celui de la région moyenne à.............................. 394,059,580

Différence en faveur de la région nord-est. 2,213,190

Mais si à cette différence on ajoute celle qui résulte de l'excédant des bois de cette région sur la région moyenne et qui est de.. 33,133,852

on trouvera dans les revenus de la région nord-est une amélioration du $^1/_{11}{}^e$ ou plus exactement de............... 35,347,042

Cette différence s'élèverait au moins au $^1/_{10}{}^e$, si le territoire vignoble égalait en étendue celui de la région moyenne, la différence prise sur l'excédant des bois.

Le revenu considéré selon son état actuel, et réparti entre le territoire et entre la population, donne pour la	PAR HECT.	PAR TÊTE.
	fr. c.	fr. c.
région nord-est..	29 51	49 87
Et pour la région moyenne..................................	29 35	49 62
Différence en faveur de la région nord-est....	» 16	» 25

Il est encore évident que le revenu de cette région est proportionnellement plus élevé que celui du surplus de la France, même en ne tenant aucun compte de l'affaiblissement que lui fait subir l'énorme différence qui existe dans son sol boisé.

Pour l'impôt foncier : il est, pour la région moyenne, de 50,688,620

Et pour la région nord-est, toujours rappelée au quart de l'étendue générale, de.. 50,478,303

Différence en faveur de la région moyenne........ 210,317

	PAR HECT.	PAR TÊTE.
	fr. c.	fr. c.
En appliquant cette contribution à l'hectare et au contribuable, elle s'élève pour la région moyenne à..	3 78	6 37
Et pour la région nord-est, à..........................	3 77	6 35
Différence en faveur de la même région...	» 1	» 2

Ces différences, qui sont pour ainsi dire nulles, deviendraient considérables en faveur de la région nord-est, si son territoire ne contenait pas autant de bois, dont le revenu est inférieur à toutes les autres natures de cultures mélangées.

Pour la contribution personnelle et mobilière : elle est, pour la région moyenne, de............................ 8,895,198, et par tête, de 1 fr. 12 c.

Et pour la région nord-est, de..... 7,643,642, et par tête, de « 97

Différences en faveur de la même région. 1,251,556, 15

Ici les différences sont sensibles; mais elles disparaissent, si l'on considère que le département de la Seine, le séjour d'une population immense, le foyer de la richesse, de l'opulence et du luxe, paie à lui seul 5,472,394 f. de contribution personnelle et mobilière qui, répartie entre ses habitans, attribue à chacun 5 fr. 40 c., tandis que dans la même région, l'habitant des Côtes-du-Nord ne paie que 66 c. Dans cette circonstance, le département de la Seine, peu étendu d'ailleurs, ne peut appartenir à aucune région si l'on veut arriver à une comparaison exacte. Or, en le distrayant, la contribution personnelle et mobilière se trouve réduite à 30,108,389 fr.

		francs.	cent.
dont le 1/4 pour la région moyenne est de....		7,527,097	
En séparant également ses habitans de la population générale, celle-ci se trouve réduite à....................................	30,824,798		
Dont le 1/4 pour la région moyenne est de.....................	7,706,200		
Ce qui fait par tête..		....	» 97
Or, la région nord-est paie.....	7,409,558	7,607,639	
Le 1/38 de la région moyenne ci-dessus pour rappel au 1/4..........	198,081		
Sa population est de...............	7,736,140h		
Le 1/38 de la région moyenne à ajouter................................	202,794		
Total................	7,938,934h		
C'est par individu..		....	» 96
Différence en plus et en moins.........		Plus 80,542	Moins 1

Ainsi, quoique près du quart du territoire de cette région soit couvert d'une nature de propriété inhabitée (les bois) et dont le produit diffère des deux tiers de celui des diverses cultures combinées entre elles, tandis que le sol boisé n'entre que pour un vingt-quatrième dans le territoire des trois autres régions; et quoiqu'un sol plus productif (celui de la vigne) y soit moins répandu, la région nord-est, rapportée au quart de l'étendue générale, n'en est pas moins aussi richement dotée en population et en revenu que les autres régions prises dans leurs termes moyens; et elle n'emprunte le secours d'aucune d'elles, pour acquitter les premières charges de l'État dans la proportion de son étendue et de sa population.

Comparaison de la région nord-est aux régions sud-est et sud-ouest.

Il n'en est pas de même à l'égard des régions méridionales qui, quoique plus étendues en territoire, beaucoup moins boisées et cultivant la vigne plus en grand, sont néanmoins inférieures en toutes choses à la région nord-est et même à la région moyenne. En considérant ces régions dans l'état où elles figurent au tableau récapitulatif numéro 2 E, leurs différences ressortent ainsi qu'il suit :

RÉGIONS.	ÉTENDUE				POPULATION							REVENU			CONTRIBUTIONS				
					ABSOLUE.		URBAINE.			RAPPORT DES BOIS au territoire.					FONCIÈRE.			PERSONNEL. ET MOBILIÈRE.	
	DU TERRITOIRE	DES FORÊTS.	RAPPORT DES FORÊTS au territoire.	DES VIGNES.	NOMBRE de comm.	habitans.	NOMBRE de villes.	habitans.	RURALE.	LES BOIS compris.	LES BOIS distraits.	TOTAL.	PAR HECTARE.	PAR TÊTE.	PRINCIP. et c. add.	par hect.	par tête.	PRINCIP. et c. add.	par tête.
	hectar. milles.	hect. mill.		hect. mill.		milles.		mille.	mille.	1 hab. sur	1 hab. sur	francs. milles.	f. c.	f. c.	francs. milles.	f. c.	f. c.	francs. milles.	f. c.
Région Sud-Est........	13 470	1 411	11/100	496	6 991	6 700	370	1 785	4 914	2—01	1—81	322 085	23 91	48 01	38 074	2 82	5 68	6 018	» 90
Région Sud-Ouest.....	13 743	1 275	9/100	808	9 076	6 939	386	1 423	5 516	1—98	1—79	331 535	24 12	47 78	41 448	3 02	5 97	5 967	» 86
Terme m. de ces 2 Rég.	13 607	1 343	10/100	652	8 034	6 819	378	1 604	5 215	2— »	1—80	326 810	24 02	47 90	39 761	2 92	5 83	5 993	» 88
Région Nord-est........	13 073	3 031	23/100	352	12 285	7 736	588	2 031	5 705	1—68	1—30	385 903	29 29	49 88	49 148	3 76	6 35	7 410	» 96
Région Moyenne......	13 426	1 711	13/100	466	9 712	7 960	467	2 061	5 899	1—69	1—47	394 060	29 35	49 62	50 689	3 78	6 37	8 895	1 12
Région Nord-Ouest.... (Privilégiée.)	13 417	1 126	8/100	207	10 497	10 463	523	3 004	7 460	1—28	1—17	536 715	40 »	51 20	74 084	5 52	7 08	16 186	1 54

La supériorité de la région nord-est sur les régions sud-est et sud-ouest est donc manifeste, de quelque côté même qu'on l'envisage, et les différences sensibles qui existent en sa faveur le seraient bien davantage si l'on tenait compte de l'étendue territoriale qui est d'un vingt-deuxième (1 département) en plus, sur la contenance moyenne des deux autres régions.

Mais les déficits de ces deux régions sont recueillis en entier par la région nord-ouest qui, par un concert de circonstances favorables que nous allons signaler, tient le premier rang parmi les autres régions.

Nos relations commerciales avec l'étranger donnent en général aux départemens situés sur nos limites de grands avantages sur les départemens de l'intérieur; mais, parmi les premiers, les départemens maritimes sont encore plus favorisés que les départemens frontières (1); et de tous les

(1) Voir le Tableau par régions.

départemens maritimes, ce sont ceux placés sur le littoral de l'Océan qui se font le plus remarquer, notamment sous le rapport de la population qui y est appelée par un commerce actif. En effet, 17 départemens (1) situés sur le rivage de cette mer où l'on voit s'élever 14 ports (2) communiquant à nos colonies, sont ensemble d'une étendue territoriale de 11,889,000 hectares habités par 8,817,000 individus, ce qui en place 1 sur 13,500 mètres carrés, tandis que la France entière n'en compte qu'un sur 16,900 mètres carrés, d'où il suit une différence d'un cinquième en faveur de ces 17 départemens se distribuant entre la région nord-ouest et la région sud-ouest.

Mais sur ces 17 départemens, 11 se trouvent appartenir à la région nord-ouest où sont compris 9 ports de mer (3), indépendamment de Nantes, Paimbœuf et Rouen. Le commerce qui a abandonné Bordeaux pour venir se fixer au Hâvre, port plus voisin des îles Britanniques avec lesquelles nous avons aujourd'hui des relations très étendues, a appelé dans ces départemens une population considérable, puisque leur étendue générale, qui est de 7,171,000 hectares, dont 379,000 hectares (les trois centièmes) seulement sont plantés en bois, est peuplée de 5,893,000 habitans.

	BOIS COMPRIS.	BOIS DISTRAITS.
	mètres carrés.	mètres carrés.
Ce qui place un individu sur........................	12,200	11,500
Tandis que toute la France n'en compte qu'un sur	16,900	14,700

D'où il suit une différence de plus d'un quart en faveur des départemens maritimes de la région nord-ouest.

Ce sont ces 11 départemens qui, avec celui de la Seine que cette ré-

---

(1) Le Nord, le Pas-de-Calais, la Somme, la Seine-Inférieure, l'Eure, le Calvados, la Manche, l'Ile-et-Vilaine, les Côtes-du-Nord, le Finistère, le Morbihan, la Loire-Inférieure, la Vendée, la Charente-inférieure, la Gironde, les Landes et les Basses-Pyrénées.

(2) Dunkerque, Calais, Boulogne, Dieppe, le Hâvre, Cherbourg, Granville, Saint-Malo, Brest, Lorient, la Rochelle, Rochefort, Bordeaux et Bayonne.

(3) Ce sont les mêmes que ceux ci-dessus (2), moins Bayonne, Bordeaux, Rochefort, la Rochelle et Dunkerque que l'on pourrait encore comprendre, car ce dernier port participe autant de la région nord-ouest que de la région nord-est.

gion renferme, profitent de toute la population qui est en moins sur les régions méridionales ; ils en empruntent même des 10 départemens intermédiaires qui complètent cette région et qui ne comptent qu'un habitant sur.. 17,400 mètres carrés, tandis que la région moyenne en compte un sur... 16,900.

Ainsi, l'excédant de population que l'on rencontre dans la région nord-ouest se partage entre la capitale et les côtes de l'Océan, et cet excédant ne peut être considéré comme attaché au sol, mais bien comme un peuple de nomades qui ne se fixe que là où le commerce et l'industrie l'attirent. Toutefois sa présence donne de la valeur aux productions du pays, par une plus grande consommation de denrées, et le prix de ces denrées étant moins altéré qu'ailleurs par des frais de transport, puisqu'elles sont plus rapprochées du consommateur, influe nécessairement sur le revenu territorial qui se calcule sur la valeur nette des diverses productions. Cette circonstance, avec une moindre étendue de bois, explique la différence de 10 fr. 58 c. (1) qui existe entre le revenu de l'hectare de la région nord-ouest et celui de la région moyenne, d'accord avec la région nord-est.

Le même raisonnement s'applique à l'impôt.

Comparaison de la région nord-est à la région nord-ouest

Essayons cependant de comparer la région nord-est à cette région privilégiée. Celle-ci diffère de la première, en surface de...... 344,069 hec.

Il convient d'abord de distraire de cette différence le département d'exception (la Seine), dont l'étendue est de.... 46,181

Reste......... 297,888

Ce reste équivaut à un quarante-cinquième de cette région ainsi réduite.

Population : La région nord-ouest contient, déduction faite du département de la Seine, et du quarante-cinquième du restant pour rappel à la

(1) L'hectare de la région nord-est s'élève à....... 40 fr. » c.
Celui de la région nord-ouest à................ 29 42

Différence......... 10 58

région nord-est.. 13,073,055 hab.

Sur cette étendue, le sol forestier entre, sous les mêmes déductions, pour.. 1,096,937

Reste pour sol découvert............ 11,976,118

La population qui existe sur ce sol, toujours mêmes déductions faites, est de 9,239,421 habitans.

	mèt. carrés.	hect.	ares.
Ce qui fait un individu sur....................................	12,962	ou 1	30
Et la région nord-est compte sur son sol découvert qui est de 10,041,928 hect. 7,736,140 habitans, c'est un sur	12,980	1	30
Différence nulle.........	18	»	»

Il est à remarquer que la région nord-est dont l'étendue territoriale est plus forte, surtout si on la considère sous le rapport de son sol découvert, ne contient que 10,497 communes comprenant 523 villes de 1000 habitans et au-dessus, tandis que la région nord-est, plus faible en étendue sous les deux rapports, contient 12,285 communes dans lesquelles se trouvent 588 villes. Différence en faveur de cette région, 1788 communes, dans lesquelles sont censées exister 65 villes de 1000 ames et au-dessus.

La population étant la même sur le sol découvert de chacune de ces régions, et les communes et villes étant plus multipliées dans la région nord-est que dans la région nord-ouest, il s'ensuit qu'elle est plus disséminée et plus également répartie sur la première que sur la seconde, ce qui est une conséquence nécessaire du concours de l'agriculture avec l'industrie et le commerce attachés au sol ; et qu'elle est plus agglomérée dans la région nord-ouest où elle est principalement appelée par le commerce et l'industrie auxquels le sol est plus ou moins étranger.

Revenu : Celui de la région nord-ouest est de........ 536,715,000 fr.

C'est par hectare 40 fr., et par tête 51 fr. 20 c.

A distraire pour le département de la Seine............ 54,418,000

482,297,000

Plus le quarante-cinquième pour rappel à l'étendue de la région nord-est.. 10,717,000

Reste................ 471,580,000

		PAR HECT.	PAR TÊTE.
		fr. c.	fr. c.
Ce qui fait		36 07	51 04
Le revenu de la région nord-est s'élève à	385,902,731 f.		
c'est par hect. 29 f. 29 c. et par tête 49 f. 88 c.			
Mais ce revenu comprend celui des bois, dont il faut 3 hect. pour 1, pour équivaloir au produit moyen des cultures mélangées (1). Or, le sol de cette région est de..	10,041,928h.		
Proportion dans laquelle les bois doivent entrer pour composer les cultures mélang.	1,466,342		
Total	11,508,270		
Excédant en bois sur cette région, dont le produit est réduit au 1/3 des cultur. mêl.	1,564,785		
Total sembl. au territ. de cette rég.	13,073,055		
Dans le revenu général ci-dessus, les cultures mêlées entrent à raison de 32 f. 8 c. (un peu moins) par hectare, pour	369,175,179		
et l'excéd. de bois à rais. de 10 f. 69 c., pour	16,727,552		
Total pareil	385,902,731		
Différence du revenu de cet excédant de bois à celui des cult. mêl. (21 f. 38 c. par h.).	33,455,104		
Total général	419,357,835 ou	32 08	50 42
Reste en faveur de la région nord-ouest		3 99	» 62

Ainsi s'affaiblit la grande différence qui semble exister entre le revenu de la région nord-ouest et celui de la région nord-est. Elle devient pour ainsi dire nulle à l'égard des individus; et quant au sol, elle se réduit à 1/9 qui répond peu à tous les avantages dont jouit actuellement la région nord-ouest.

---

(1) Voir page 69.

A la vérité les vignes, considérées comme l'une des natures de propriété les plus productives, sont, dans la région nord-est, de.... 352,116 hec., tandis que dans la région nord-ouest il ne s'en trouve que 207,017

Différence en faveur de la région nord-est........... 144,099

Mais cette différence se trouve plus que compensée par les cidres qui font produire une double récolte à la même terre et dont on tire, plus que partout ailleurs, un grand produit dans la région nord-ouest.

Impôt : La contribution suivant le sort du revenu, les mêmes calculs et les mêmes raisonnemens s'y appliquent.

Des rapprochemens qui précèdent, il résulte :

Résultat des diverses comparaisons.

1° Que la région nord-est, surchargée de bois comparativement aux autres régions et devant par cela même avoir une population moins nombreuse, puisque le terrain habitable est moins étendu que dans chacune de ces régions, et devant aussi avoir un revenu bien inférieur, puisqu'il faut trois produits d'un hectare de bois pour équivaloir à celui d'un hectare de culture mêlée, est néanmoins égal en population et en revenu à la région moyenne, et ne diffère de celle-ci, ni sous le rapport de la contribution foncière, ni sous celui de la contribution personnelle et mobilière, soit qu'on considère l'impôt comme frappant le sol, soit qu'on le considère comme frappant l'individu.

2° Que les régions sud-est et sud-ouest sont séparément très inférieures en toutes choses à la région nord-est, quoique chacun de leur territoire soit plus vaste et contienne beaucoup plus de vignes et beaucoup moins de bois.

3° Que la région nord-ouest, qui s'enrichit de toutes les pertes des deux régions méridionales par la direction actuelle de notre commerce avec l'étranger et par l'importance qu'acquiert chaque jour la capitale devenue l'entrepôt général de la France, conserve peu d'avantage sur la région nord-est, si on les soumet l'une et l'autre à une comparaison rigoureuse. Car, toute compensation faite, un habitant n'occupe pas plus de surface de terrain sur l'une que sur l'autre; il y jouit à peu de chose près du même revenu : seulement, l'hectare produit un neuvième de moins sur la région nord-est que sur la région nord-ouest, ce qui s'explique par l'augmentation du prix des denrées dans un pays où la population *flottante* vient se cantonner, enfin où les consommateurs étrangers abondent.

Toutefois, si l'état fixe doit être préféré à l'état précaire, la région nord-est l'emportera de beaucoup sur la région nord-ouest ; car tous ses avantages résultent de son sol à la prospérité duquel chaque habitant se trouve intéressé.

4° Enfin, que l'accroissement que prend la population se trouve, depuis 1822, par département et par an, de 1500 individus de plus dans la région nord-est que dans les départemens des autres régions.

Effets de la présence des bois sur le sol.

Où chercher ailleurs la source de la prospérité de cette région, si ce n'est dans ses bois qui, employés comme principal agent des usines à fer, y ont appelé environ les deux tiers de celles existant en France ? En

effet, sur	417 h.-fourn.	et 1088 feux d'af.
alimentés par le bois, cette région en possède à elle seule	251	710
Reste pour les trois autres régions	166	378

Cette région est aussi la plus riche en fabriques secondaires que les bois y ont pareillement fixées. Elle possède en grand nombre des verreries, porcelaineries, fayenceries, poteries, briqueteries et tuileries (1).

Ces divers établissemens qui portent la vie dans les lieux les plus retirés, ont pour résultat d'étendre davantage la population sur le sol, de répandre l'aisance dans la campagne, enfin de réaliser tout ce que nous avons dit (page 65) en faveur des usines à fer.

L'aisance chez le peuple se fait particulièrement remarquer dans la région nord-est, par l'instruction qui y acquiert plus de développement que partout ailleurs.

Il suit des derniers états officiels dressés au ministère de l'instruction publique et qui remontent à 1822, que le rapport du nombre des étudians mâles à la population du royaume est de 1 sur 23, et que les académies de Paris et d'Amiens, dont dépendent les départemens de l'Aisne, de la Marne, de Seine-et-Marne, de l'Aube et de Lyonne ; et celles de Douai,

(1) Voir le tableau numéro 2 c.

Metz, Nancy, Strasbourg, Besançon et Dijon qui ont le plus grand nombre d'écoliers et qui en comptent 1 sur 12 à 15 habitans (1). Les seules académies d'Orléans et de Bourges dépassent le terme moyen ; et il est à remarquer que le département du Loiret est privé de manufactures consommant du bois, et que les départemens du Cher et de la Nièvre sont encore loin d'atteindre le niveau des autres départemens de la région, soit en population, soit en revenu (2).

Les lumières rendent l'homme meilleur en détruisant le vice. Cette vérité ne perd rien de sa force dans la région nord-est. Le compte général de l'administration de la justice criminelle pour les années 1825, 1826, 1827, et les derniers récensemens, nous montrent que les crimes contre les personnes sont moins fréquens dans cette région que dans le surplus de la France. En effet, le rapport moyen du nombre des condamnés à la population du royaume est de 1 sur 32,411 habitans ; et les cours royales d'Orléans, Metz, Nancy, Besançon, Dijon, Douai, Paris et Amiens n'en comptent qu'un sur 33, 34, 36, 40, 46, 57 et 72,000 habitans. Les cours royales de Bourges et Colmar sont les seules dans cette région qui excèdent le terme moyen.

Si à côté de l'éducation morale on place l'éducation physique, où trouvera-t-on en France une population mieux constituée et plus robuste que celle par exemple qui existe dans la Lorraine?

De tels résultats, qui ont pour principe la présence des forêts sur le sol,

---

(1) Besançon, 1 écolier sur 11 6/10 habitans.

Amiens,	*id.*	11 8/10
Nancy,	*id.*	11 9/10
Dijon,	*id.*	13 3/10
Metz,	*id.*	13 1/10
Strasbourg,	*id.*	13 6/10
Douai,	*id.*	14 7/10
Paris,	*id.*	15 »

(2) Ces départemens qui sont en possession de tous les élémens propres à fixer les grands établissemens et dont la position est des plus heureuses, soit par leur proximité de la Loire, qui les sépare, soit par leur centralité, qui les met à l'abri de toute incursion étrangère, n'attendent que le moment où le gouvernement voudra bien s'en occuper pour mettre à profit des richesses dont personne ne profite faute de moyens de les exploiter.

ne suffisent-ils pas pour appeler l'attention particulière du gouvernement sur une branche de produit territorial, si nécessaire au bien-être général, et cependant si près de nous échapper, si les usines à fer, qui seules les retiennent encore attachées au sol, venaient à rétrograder dans leur marche prospère?

CHAPITRE TROISIÈME.

RÉSULTATS DES TARIFS SUR L'INTRODUCTION DES FERS ÉTRANGERS, ET CONCLUSION.

Un concours funeste de nos fers avec les fers étrangers a nécessité nos lois sur les douanes.

La taxe sur l'entrée de ces fers, établie par la loi du 21 décembre 1814, a produit sur nos manufactures l'effet le plus salutaire; c'est principalement de cette époque que datent les progrès de notre industrie métallurgique.

Le nouveau tarif établi par la loi du 24 juillet 1822 est venu donner un nouveau développement à nos manufactures; et la consommation, devenant plus considérable par les besoins d'une fabrication plus active, les bois ont acquis une plus grande valeur.

Cet encouragement s'est particulièrement manifesté par un désir moins vif de défricher. En effet, les demandes en défrichement ont été :

	DEMANDES.	ACCUEILLIES.	REFUSÉES.
En 1821, de.	8,051	3,996	4,055
En 1822, de.	6,489	821	5,668
En 1823, de.	3,900	1,432	2,468
En 1824, de.	2,846	939	1,907
En 1825, de.	2,988	1,970	1,018
En 1826, de.	2,441	1,086	1,355
	26,715	10,244	16,471

Ces résultats que nous rencontrons dans la discussion du Code forestier, art. 219 (1), et qui ne vont point au delà de 1826, suffisent pour prouver que les usines à fer sont seules en possession des moyens d'arrê-les progrès du déboisement : aussi de toutes parts s'empresse-t-on d'assigner des limites réelles aux bois, en ouvrant des fossés sur leurs contours qui, en protégeant les superficies contre plus d'un genre de délit, marquent au cultivateur le point où son soc et sa pioche doivent enfin s'arrêter.

La certitude d'obtenir plus tard un revenu assuré a fait renoncer les propriétaires de bois à un genre de produit annuel destructif de la propriété boisée (le pacage par abonnement). On rencontre peu de bestiaux maintenant dans les bois qui ne sont point grevés de la servitude du pacage, et là où ce droit s'exerce, il est restreint aux termes les plus stricts du contract.

Ces mesures, qui tiennent à la bonne conservation des forêts, ayant rendu insuffisans les moyens de nourrir les bestiaux, ont fait développer dans les pays boisés un genre de culture beaucoup trop négligé jusqu'alors. Les prairies artificielles, qui, plus répandues aujourd'hui qu'elles ne l'étaient anciennement, sont venues doubler et même tripler le revenu des terres assez généralement propres à cette espèce de production.

Depuis la loi de 1822 sur les douanes, on défriche moins et l'on conserve mieux ; il y a plus, on songe maintenant à semer et planter le bois là où il a disparu du sol.

Séduite par l'amélioration actuelle dans les produits des bois, une association connue sous le nom de *compagnie de Bretagne*, établie par acte du 19 juillet 1828, se propose la plantation de 100,000 hectares de landes en bois de pins et autres bois résineux, dans le but d'attirer l'industrie dans de grandes étendues de terrains condamnés depuis long-temps à la stérilité.

Quelle que soit l'issue de cette entreprise, une idée aussi vaste n'était jamais venue, ou du moins n'avait jamais été aussi près de se réaliser,

(1) Discours de S. Exc. le Ministre des finances, séance du 9 avril 1827 (commentaire du C. f., t. I, p. 502).

que depuis l'existence des tarifs sur l'entrée des fers étrangers en France, principalement depuis la loi de 1822 (1).

Le seul remède efficace à un mal dont on n'a pu arrêter jusqu'ici les progrès effrayans, se rencontre donc dans la prospérité de nos usines à fer, et cette prospérité n'est due qu'à la protection qui résulte de la loi actuelle sur les douanes.

La destinée future de ces précieux établissemens tient à la mesure que l'on va prendre. Si l'on venait à supprimer ou même à réduire les droits d'entrée des fers étrangers, ce serait l'arrêt de mort de la plupart des usines de la France; les pays qu'elles ont retirés de la misère y seraient replongés de nouveau, et les bois qui commençaient à prendre le rang qui leur appartient dans nos revenus territoriaux, déserteraient notre sol avec encore plus de rapidité qu'avant; car le principe sur lequel serait fondée une loi qui ouvrirait nos frontières et nos ports au commerce avec l'étranger, serait vivement invoqué par les propriétaires de bois; et pourrait-on refuser la liberté du défrichement lorsqu'on accorderait celle du commerce? L'une est la conséquence de l'autre.

Si de telles mesures, peut-être plus pressées des vœux de nos voisins que des besoins de notre commerce, étaient prononcées, le moment ne serait pas éloigné où nous deviendrions tributaires de l'étranger pour *les fers* dont nous faisons une si grande consommation, et pour *les bois* si nécessaires à notre existence et à nos premiers besoins.

Pour les fers. Nos marchés seraient bientôt encombrés de tous ceux qui surabondent chez l'étranger, que l'on nous livrerait d'abord au plus bas prix en attendant le moment favorable de nous faire payer cher ces premiers sacrifices et notre imprévoyance. Nos usines ne pouvant soutenir la concurrence cesseraient bientôt de marcher, et l'on sait que la destruction suit de près l'inaction de ce genre d'établissement. Cet instant arrivé, l'Angleterre, pour les mauvais fers et les fers médiocres, et la Suède,

(1) Le gouvernement seul, qui peut faire de tels essais dans tous les temps, ne les a exécutés jusqu'à ce jour qu'avec beaucoup de modération. Depuis plus de quarante ans il s'occupe du semis des dunes dans le seizième arrondissement forestier : ces semis ne sont encore étendus que sur 15 à 20,000 hectares.

pour les qualités supérieures, nous imposeraient des conditions auxquelles il deviendrait alors difficile de nous soustraire en temps de paix, et que nous serions trop heureux de pouvoir accepter en temps de guerre.

Pour les bois. Leur distribution actuelle sur notre sol fait que la majeure partie resterait sans débouchés, si nos usines venaient à cesser de marcher. Alors les défrichemens reprendraient un élan que rien ne pourrait arrêter, surtout à l'égard de la petite propriété; et comme la grosse propriété se divise tôt ou tard, l'effet du défrichement pour celle-ci en serait seulement plus lent sans en être moins certain (1). Il est à remarquer que les bois des particuliers comprennent la moitié de notre sol boisé. L'autre moitié se divise entre le gouvernement, la couronne, les établissemens publics et les communes. 11,261 communes et établissemens publics (2) sont en possession de près des deux tiers de cette seconde moitié, et se trouvent par conséquent des plus intéressés à la question actuelle. La moindre défaveur jetée sur le produit des bois peut compromettre la bonne conservation des bois communaux dans lesquels les bestiaux, qui y ont déjà causé tant de ravages, peuvent être incessamment rappelés. Sur 12,285 communes comprises dans la région nord-est, 6706 communes et établissemens publics sont en possession de 1,082,409 hectares de bois. Que ces bois cessent d'avoir de la valeur, quel sera le moyen (pour ceux des communes) de les soustraire aux dilapidations devant lesquelles les lois les plus sévères ont tant de fois échoué? Ici la moitié de la population, intéressée au bon ordre, serait impuissante devant celle qui espérerait ressaisir dans le désordre un produit qui lui échapperait.

Les bois de l'État et ceux de la couronne, qui ne présentent ensemble qu'une étendue de 1,201,553 hectares, dont plus de la moitié se trouve située dans la région nord-est, seraient donc, pour ainsi dire, les seuls

(1) La grosse propriété a toujours existé et il est probable qu'elle existera toujours, mais elle se déplace. L'une se divise et l'autre se compose, et comme les bois se réduisent dans le morcellement (car c'est principalement l'instant où on les défriche), il s'ensuit nécessairement que celle qui se recompose contient moins de bois que celle qui disparaît ou va disparaître.

(2) Il entre ici au moins le quart des communes de la France.

sur lesquels reposeraient toutes nos espérances. A la vérité, la marche actuelle de l'administration doit nous rassurer sur le sort de cette portion du domaine public; jamais ces bois ne furent mieux conservés et traités avec plus d'habileté qu'ils ne le sont aujourd'hui; mais peut-on répondre qu'une mesure contre laquelle MM. les Conservateurs ont si généreusement lutté (1) et qui a arraché des mains de l'administration des forêts une forte portion des bois de l'État, ne se renouvellera pas? D'un autre côté, ne doit-on pas appréhender aussi les effets de l'inexpérience ou de l'imprudence de quelques agens? Un de ces exemples, rares sans doute, nous tombe sous la main; il a trait au mode d'exploitation par furetage: on le trouve cité dans le Manuel des marchands de bois, publié en 1825 par E. B. Marié de l'Isle, page 10. En voici la mention littérale:

« En 1806 et les années suivantes, l'inspecteur des eaux-et-forêts de « l'arrondissement d'Autun, soit qu'il en eût reçu l'ordre, ou qu'il l'eût « provoqué, voulut que dans une coupe du morvand, appartenant au gou- « vernement, dépendant de l'arrondissement d'Autun, on fît les coupes « *à blanc*. En huit années, plus de 100 hectares de bois du meilleur « fonds du pays furent coupés de cette manière, et malgré toutes les « précautions que l'on prit après pour protéger la repousse des bois, les

---

(1) La loi du 23 septembre 1814 portait, art. 23, qu'il serait vendu jusqu'à concurrence de 300,000 *hectares de bois de l'Etat, sol et superficie*, dont le produit serait affecté au paiement et à l'amortissement des obligations du trésor royal.

La loi du 28 avril 1816 rapporta la disposition de celle du 23 septembre, et l'on doit penser que les observations de MM. les agens forestiers ne furent point étrangères à cette mesure; mais une autre loi du 25 mars 1817, en mettant à la disposition de la caisse d'amortissement la plus forte partie des bois domaniaux, autorisa cette caisse à mettre en vente, à partir de 1818, jusqu'à la concurrence de 150,000 hectares de bois. Le 17 mai suivant, une ordonnance du Roi réunit l'administration des forêts à celle de l'enregistrement et des domaines; MM. *les conservateurs furent supprimés*, et leur service fut confié à MM. les directeurs des domaines.

Les aliénations prescrites ont été très avantageuses aux acquéreurs, dont la plupart sont aujourd'hui propriétaires du fonds pour rien. Cette circonstance, dont les maîtres de forges ont profité plus que tous autres, à raison de la facilité que leur procuraient leurs établissemens pour consommer les superficies qu'ils abattaient de suite, a fait surgir dans les usines de grandes fortunes que le vulgaire attribue par erreur à la hausse des fers.

« gelées et les grandes chaleurs tuèrent tous les rejetons ; au point que « ce canton, naguères si productif, ne présente plus que l'image d'un vaste « désert. »

Les forêts de l'Etat, malgré les vues sages et éclairées de l'administration, ne sont donc pas plus exemptes que les autres du dépérissement général; et ce dépérissement, sur lequel l'attention des gouvernemens a été plus d'une fois appelée par nos plus célèbres naturalistes (1), nous porte insensiblement à devenir encore tributaires de l'étranger, et particulièrement de l'Allemagne et de la Russie, qui sont en possession de la plus grande partie du restant des forêts de l'Europe (2). Une fois tributaires de l'étranger sous le rapport des bois et des fers, qui sait si un jour nous n'en deviendrions pas les esclaves pour nos droits? et qui oserait affirmer que la mesure proposée n'est pas un piège tendu par de dangereux adversaires prêts à se rendre maîtres de nos besoins, afin de devenir aussitôt les arbitres de nos destinées? Pendant qu'il en est encore temps, éloignons-en le moment, et sauvons la postérité d'un mal dont nous possédons le remède, qui se rencontre naturellement dans la prospérité de nos usines à fer traitées au bois (3).

---

(1) Réaumur en 1721 et Buffon en 1739 consignèrent, dans les Mémoires de l'académie des sciences, des observations sur le dépérissement des forêts.

(2) Voir la première partie de ces Recherches.

(3) Quelques hommes indifférens sur le sort de leurs semblables n'aperçoivent la prospérité de leur pays que dans la masse d'or qui résulte de spéculations quelconques, dont il arrive souvent qu'eux seuls profitent. Aujourd'hui que la France commence à manquer de bois, on songe à fouiller la terre pour y rechercher un autre combustible. Les découvertes déjà faites paraissent nous assurer un avenir semblable à celui de l'Angleterre pour le traitement du fer au charbon de terre, et l'on s'en réjouit. Il peut en effet résulter de ces découvertes qu'un jour nous soutenions la concurrence avec l'étranger pour les fers de mauvaise qualité; mais alors nos fers qui sont en réputation nous échapperont avec les forêts qui nous permettent aujourd'hui de les fabriquer. C'est ainsi que (sans songer que l'Angleterre, qui n'est plus maîtresse du choix, échangerait volontiers ses profondes houillères contre nos belles forêts) l'on pense froidement à arracher le bûcheron de sa forêt, où l'air le plus pur lui prépare de longs jours, pour le jeter dans des souterrains où sa courte et débile existence est à chaque instant menacée de mille dangers. Cette classe, qui comprend une forte partie de la population rurale, n'est-elle pas déjà assez malheureuse sans ajouter ce nouveau fléau à ses autres misères?

On ne peut croire que le gouvernement, les Chambres, veuillent anéantir une industrie si importante, surtout en temps de guerre; aussi a-t-on l'espoir que cette question, qui a jeté l'alarme parmi les propriétaires de bois et de forges, sera résolue négativement, et qu'elle aura pour résultat de faire cesser toutes les inquiétudes, en donnant une fixité durable à la législation qui régit cette précieuse branche de l'industrie nationale, industrie que l'on peut appeler la mère du peuple, puisque plus des deux tiers des frais de la fabrication du fer tournent à son profit (1). Alors, et seulement alors, nous verrons les hommes à talens dans tous les genres appliquer leurs connaissances à l'art métallurgique, et pour peu qu'un système éclairé de canalisation et de route vienne seconder l'élan que prennent nos travaux en ce genre, nous pourrons aussi en exporter les produits et entrer en concurrence avec les nations rivales, sur les marchés étrangers.

Ici se termine la tâche difficile que nous nous étions imposée et à laquelle nous aurions renoncé comme étant au-dessus de nos forces, si nous n'avions été encouragé dans cette entreprise par les hommes les plus recommandables et les plus éclairés sur les véritables intérêts de la France, et si nos droits à l'indulgence du public n'avaient été fondés sur cet avertissement de Buffon qui, à l'occasion du dépérissement des forêts, a dit :

« Ce n'est pas assez de se plaindre d'un mal qu'on ressent déjà et *qui ne* « *peut qu'augmenter avec le temps ;* il en faut chercher le remède, et tout « bon citoyen doit donner au public les expériences et les réflexions qu'il peut « avoir faites à cet égard (2).

(1) Voir pages 70 et suivantes. Voir pareillement le Mémoire de MM. les propriétaires de bois où il est dit, pages 108 et suivantes, que 425 hauts-fourneaux et 1100 feux d'affinerie existant en France fabriquent :

savoir : fontes en gueuses	165,000,000 kilog.	
en fontes moulées	47,500,000	
et en fers forgés	110,000,000	
que pour fabriquer 110,000,000 de fers, il en coûte		60,551,145 fr.
et pour 14,500,000 de fontes moulées		13,650,930
Total		74,202,075

et comme les deux tiers de ce capital sont employés en frais de main-d'œuvre et de transport, il s'ensuit qu'environ 50,000,000 viennent au soulagement de la classe ouvrière.

(2) *Hist. natur.*, suppl., t. 3, p. 357.

FIN.

TABLE DES MATIÈRES.

13

TYPOGRAPHIE DE J. PINARD, IMPRIMEUR DU ROI, RUE D'ANJOU-DAUPHINE, N° 8.

N° 2 A.

ÉTENDUE SUPERFICIELLE.

TABLEAU, *par régions, de l'étendue territoriale des Départemens, comparée à celle des forêts y comprises, celles-ci distinguées selon leurs différentes catégories et les diverses Administrations qui les régissent, avec indication du nombre de Communes et Établissemens publics possédant Bois; du nombre de Gardes à pied chargés de surveiller ceux soumis à l'action du Gouvernement, et la quantité moyenne d'hectares confiés aux soins de chacun; dressé sur les documens les plus récens, publiés par M. Herbin de Halle, employé supérieur de la Direction générale des Forêts.*

Column headings (as printed): Numéros d'ordre | Départemens | Étendue territoriale: les forêts comprises; les forêts distraites | Nombre de communes possédant bois | Étendue des forêts | Leur distribution — Bois soumis à l'action du Gouvernement: bois du domaine de l'État; bois communaux et d'établissemens publics (nombre de communes et d'établissemens; surface des bois); total des bois soumis; gardes (nombre de gardes à pied; quantité moyenne d'hectares confiés à chacun) — Bois étrangers à l'action du Gouvernement: bois de la couronne; bois des princes et de la famille royale (apanage; domaine privé; bois particuliers des princes); total; bois des particuliers; total général | N° de chaque département (par étendue; par forêts).

RÉGION NORD-OUEST.

N°	Départemens	Données
1	Finistère	[illegible]
2	Côtes-du-Nord	[illegible]
3	Morbihan	[illegible]
4	Loire-Inférieure	[illegible]
5	Ille-et-Vilaine	[illegible]
6	Manche	[illegible]
7	Calvados	[illegible]
8	Orne	[illegible]
9	Sarthe	[illegible]
10	Mayenne	[illegible]
11	Maine-et-Loire	[illegible]
12	Indre-et-Loire	[illegible]
13	Indre	[illegible]
14	Loir-et-Cher	[illegible]
15	Eure-et-Loir	[illegible]
16	Seine	[illegible]
17	Seine-et-Oise	[illegible]
18	Eure	[illegible]
19	Oise	[illegible]
20	Seine-Inférieure	[illegible]
21	Somme	[illegible]
22	Pas-de-Calais	[illegible]

RÉGION NORD-EST.

N°	Départemens	Données
23	Nord	[illegible]
24	Aisne	[illegible]
25	Seine-et-Marne	[illegible]
26	Loiret	[illegible]
27	Cher	[illegible]
28	Nièvre	[illegible]
29	Côte-d'Or	[illegible]
30	Yonne	[illegible]
31	Aube	[illegible]
32	Marne	[illegible]
33	Ardennes	[illegible]
34	Meuse	[illegible]
35	Haute-Marne	[illegible]
36	Vosges	[illegible]
37	Meurthe	[illegible]
38	Moselle	[illegible]
39	Bas-Rhin	[illegible]
40	Haut-Rhin	[illegible]
41	Haute-Saône	[illegible]
42	Doubs	[illegible]
43	Jura	[illegible]

RÉGION SUD-EST.

N°	Départemens	Données
44	Ain	[illegible]
45	Isère	[illegible]
46	Drôme	[illegible]
47	Hautes-Alpes	[illegible]
48	Basses-Alpes	[illegible]
49	Var	[illegible]
50	Bouches-du-Rhône	[illegible]
51	Vaucluse	[illegible]
52	Gard	[illegible]
53	Hérault	[illegible]
54	Aveyron	[illegible]
55	Lozère	[illegible]
56	Ardèche	[illegible]
57	Haute-Loire	[illegible]
58	Cantal	[illegible]
59	Puy-de-Dôme	[illegible]
60	Loire	[illegible]
61	Rhône	[illegible]
62	Saône-et-Loire	[illegible]
63	Allier	[illegible]
64	Ile-de-Corse	[illegible]

RÉGION SUD-OUEST.

N°	Départemens	Données
65	Creuse	[illegible]
66	Haute-Vienne	[illegible]
67	Vienne	[illegible]
68	Deux-Sèvres	[illegible]
69	Vendée	[illegible]
70	Charente-Inférieure	[illegible]
71	Charente	[illegible]
72	Dordogne	[illegible]
73	Corrèze	[illegible]
74	Lot	[illegible]
75	Tarn-et-Garonne	[illegible]
76	Lot-et-Garonne	[illegible]
77	Gironde	[illegible]
78	Landes	[illegible]
79	Basses-Pyrénées	[illegible]
80	Hautes-Pyrénées	[illegible]
81	Gers	[illegible]
82	Haute-Garonne	[illegible]
83	Tarn	[illegible]
84	Aude	[illegible]
85	Ariège	[illegible]
86	Pyrénées-Orientales	[illegible]

RÉCAPITULATION.

N°	Régions	Forêts comprises	Forêts distraites	Nombre de communes	Étendue des forêts	Bois du domaine	Nombre de communes et établ.	Surface des bois communaux	Total soumis	Gardes	Hectares par garde	Bois de la couronne	Apanage	Domaine privé	Bois particuliers des princes	Total	Bois des particuliers	Total général
1	Région Nord-Ouest	13 417 124	12 981 205	8 ½	1 195 919	195 614	297	10 241	206 356	650	313	16 506	2 902	44 949	23 517	71 458	801 600	919 564
2	Région Nord-Est	13 073 055	10 041 248	23	3 031 127	631 083	6 705	1 082 460	1 713 498	4 908	352	19 886	6 925	77 377	27 638	131 950	1 185 808	1 317 634
3	Région Sud-Est	13 469 585	12 050 185	10 ½	1 419 390	146 312	2 782	607 118	753 430	1 085	446	.	.	5 541	1 908	7 739	649 220	650 989
4	Région Sud-Ouest	13 743 109	12 407 931	9	1 255 178	161 961	1 436	259 636	421 597	1 230	342	.	2 823	.	.	2 823	850 568	853 391
		53 702 871	46 880 958	13	6 852 625	1 134 961	11 201	1 959 904	3 094 866	8 445	366	36 392	12 740	128 057	53 153	193 950	3 487 196	3 741 786
	Le ¼ p^r moyenne	13 425 718	11 715 [illegible]	13	1 710 656	283 740	2 815	489 976	773 715	2 011	366	16 6[illegible]	3 185	32 019	13 288	48 492	871 799	936 446

OBSERVATIONS.

Il existe dans le 16e arrondissement forestier, composé des départemens de la Dordogne, de la Gironde, du Lot et de Lot-et-Garonne, 15 à 20 mille hectares provenant de semis des Dunes qui ne figurent point aux bois de l'état de la Région Sud-Ouest, attendu que l'on n'a que des données très-incertaines sur leur étendue; la remise n'en ayant pas encore été faite par l'Administration des Ponts-et-Chaussées à celle des Forêts.

Les 3,500 hectares de bois communaux indiqués au département du Lot (74), ainsi que 7,930 hectares compris dans les bois communaux du département de la Gironde (77) ne sont point encore soumis au régime forestier ou ne font que de l'être.

N° 1er. ÉTENDUE.

TABLEAU *Comparatif des Forêts de la France à son Territoire, distribué en quatre Séries, ayant pour proportion, savoir : la 1re Série des* 2/100 *aux* 10/100*; la 2e Série des* 10/100 *aux* 20/100*; la 3e Série des* 20/100 *aux* 30/100*; la 4e Série des* 30/100 *aux* 38/100.

NUMÉROS D'ORDRE.	DÉPARTEMENS.	ÉTENDUE TERRITORIALE.	ÉTENDUE DES FORÊTS.	RAPPORT des forêts au territoire.	ÉTENDUE GÉNÉRALE des départemens soumis à la même proportion.	ÉTENDUE GÉNÉRALE des bois de ces départemens.	RAPPORT des forêts au territoire.	N°s de renvoi au tableau par régions.	N°s de renvoi à la carte.
	1re SÉRIE DE 2/100 A 10/100.								
1	Morbihan	661 704	13 588	2/100				3	55
2	Finistère	693 384	13 980	2/100	1 960 806	41 400	2/100	1	28
3	Corrèze	584 717	10 841	2/100				73	18
4	Manche	602 981	16 280	3/100				6	49
5	Vendée	675 438	21 933	3/100	2 258 949	72 123	3/100	69	82
6	Ile-de-Corse	980 510	33 930	3/100				64	19
7	Haute-Vienne	558 078	22 085	4/100				66	84
8	Rhône	293 000	11 802	4/100	2 183 984	91 160	4/100	61	68
9	Charente	588 803	25 000	4/100				71	15
10	Côtes-du-Nord	744 073	32 213	4/100				2	21
11	Loire-Inférieure	706 285	38 736	6/100				4	43
12	Charente-Inférieure	716 814	41 228	6/100				70	16
13	Aveyron	877 924	49 036	6/100				54	11
14	Mayenne	518 863	31 729	6/100	4 700 327	278 735	6/100	10	52
15	Lot-et-Garonne	479 657	29 029	6/100				76	46
16	Ile-et-Vilaine	681 977	43 256	6/100				5	34
17	Maine-et-Loire	718 807	45 721	6/100				11	48
18	Haute-Loire	495 784	34 061	7/100				57	42
19	Lot	508 406	25 500	7/100				74	45
20	Lozère	509 643	33 202	7/100				55	47
21	Calvados	570 427	38 042	7/100				7	13
22	Creuse	579 455	38 166	7/100				65	22
23	Cantal	574 081	39 136	7/100	6 906 604	475 542	7/100	58	14
24	Deux-Sèvres	585 273	30 357	7/100				68	76
25	Tarn	576 821	30 449	7/100				83	78
26	Pas-de-Calais	669 088	46 047	7/100				22	61
27	Ardèche	550 004	39 616	7/100				56	6
28	Eure-et-Loire	602 752	44 758	7/100				15	27
29	Puy-de-Dôme	794 370	58 076	7/100				59	62
30	Sarthe	639 276	47 672	8/100				9	71
31	Loire	406 000	36 716	8/100				60	41
32	Aude	631 567	51 153	8/100				84	10
33	Bouches-du-Rhône	601 960	51 275	8/100	5 726 559	462 967	8/100	50	12
34	Hérault	630 935	52 867	8/100				53	33
35	Basses-Alpes	740 895	60 964	8/100				48	4
36	Dordogne	898 274	69 544	8/100				72	23
37	Gironde	1 087 559	90 776	8/100				77	32
38	Seine	46 181	4 052	9/100				16	72
39	Gers	623 993	54 930	9/100				81	31
40	Somme	604 436	55 107	9/100	2 502 420	233 400	9/100	21	77
41	Haute-Garonne	642 533	59 985	9/100				82	30
42	Orne	645 254	59 317	9/100				8	60
		26 308 618	1 655 136	6/100	26 308 618	1 655 136	6/100		
	2e SÉRIE DE 10/100 A 20/100.								
43	Nord	581 424	57 831	10/100				23	58
44	Marne	820 273	82 614	10/100	2 090 780	203 533	10/100	32	50
45	Vienne	689 083	63 088	10/100				67	83
46	Ain	584 822	65 200	11/100	584 822	65 200	11/100	44	1
47	Loire-et-Cher	608 116	70 801	12/100				14	40
48	Indre-et-Loire	612 679	73 524	12/100	2 422 383	292 411	12/100	12	36
49	Aube	610 608	74 803	12/100				31	9
50	Seine-et-Marne	595 980	73 283	13/100				25	74
51	Tarn-et-Garonne	354 891	47 859	13/100				75	79
52	Seine-et-Oise	575 043	72 521	13/100	2 043 014	265 736	13/100	17	75
53	Hautes-Alpes	556 346	71 915	13/100				47	5
54	Seine-Inférieure	557 034	73 441	13/100				20	73
55	Aisne	749 783	103 021	14/100				24	2
56	Drôme	675 916	92 355	14/100				46	25
57	Loiret	675 191	93 411	14/100	2 957 967	408 123	14/100	26	44
58	Saône-et-Loire	857 078	119 336	14/100				62	70
59	Pyrénées-Orientales	411 376	60 374	15/100				86	65
60	Allier	742 272	109 527	15/100				68	3
61	Vaucluse	336 963	51 164	15/100	2 773 606	410 891	15/100	51	81
62	Oise	581 424	88 553	15/100				19	59
63	Indre	701 661	107 273	16/100				13	35
64	Var	729 626	122 462	16/100	720 028	122 462	16/100	49	80
65	Arriège	529 540	92 425	17/100				85	8
66	Isère	841 230	149 414	17/100	2 080 829	351 170	17/100	45	37
67	Eure	650 059	109 331	17/100				18	26
68	Landes	900 534	160 923	18/100				78	39
69	Basses-Pyrénées	755 950	138 881	18/100	1 656 484	299 804	18/100	79	63
70	Hautes-Pyrénées	464 531	89 658	19/100	464 531	89 658	19/100	80	64
		17 754 134	2 514 988	14/100	17 754 134	2 514 988	14/100		
	3e SÉRIE DE 20/100 A 30/100.								
71	Cher	740 125	149 198	20/100	740 125	149 198	20/100	27	17
72	Gard	599 723	126 335	21/100	599 723	126 335	21/100	52	29
73	Yonne	729 223	159 123	22/100	729 223	159 123	22/100	30	86
74	Moselle	610 000	146 076	24/100	1 157 360	276 388	24/100	38	56
75	Doubs	547 360	130 312	24/100				42	24
76	Ardennes	510 208	132 612	26/100	1 211 758	316 891	26/100	33	7
77	Nièvre	701 550	184 279	26/100				28	57
78	Côte-d'Or	876 956	243 496	28/100	1 380 320	384 455	28/100	29	20
79	Jura	503 364	140 959	28/100				43	38
80	Meurthe	629 002	183 043	29/100	629 002	183 043	29/100	53	53
		6 447 511	1 595 433	24/100	6 447 511	1 595 433	24/100		
	4e SÉRIE DE 30/100 A 38/100.								
81	Meuse	604 439	181 989	30/100	1 121 723	337 826	30/100	34	54
82	Haute-Saône	517 284	155 837	30/100				41	69
83	Bas-Rhin	467 500	153 697	33/100	467 500	153 697	33/100	39	66
84	Haute-Marne	633 173	222 190	35/100	633 173	222 190	35/100	35	51
85	Vosges	587 955	221 636	38/100	970 212	363 353	38/100	36	85
86	Haut-Rhin	382 257	141 717	38/100				40	67
		3 192 608	1 077 066	33/100	3 192 608	1 077 066	33/100		
	RÉCAPITULATION.								
	Première Série	26 308 618	1 655 136	6/100	"	"	"		
	Deuxième Série	17 754 134	2 514 988	14/100	"	"	"		
	Troisième Série	6 447 511	1 595 433	24/100	"	"	"		
	Quatrième Série	3 192 608	1 077 066	33/100	"	"	"		
		53 702 871	6 842 623	13/100	"	"	"		

TABLEAU, *par Régions, de la Population, suivant l'Ordonnance de 1822 et les récensemens les plus récens, comportant le nombre des Communes existant en France, distribué en Urbaine et Rurale; la Population Urbaine composée des villes de 1000 habitans et au-dessus, avec désignation du nombre de ces villes; et la Population Rurale composée des villes, bourgs et hameaux au-dessous de 1000 habitans, le tout mis en rapport avec le territoire, les bois compris ou distraits.*

Numéros d'ordre	Départemens	Nombre de communes	Population arrêtée par l'ordonnance du 16 janvier 1822: des départemens	des chefs-lieux d'arrondissement	Population d'après les récensemens les plus récens dont les résultats se trouvent dans l'Almanach du commerce de 1829: des départemens divisés en urbaine et rurale	Urbaine (composée de villes de 1000 habitans et au-dessus): des arrondissemens chefs-lieux	des cantons et autres villes	total	Nombre des villes	Rurale, composée des villes, bourgs et hameaux au-dessous de 1000 habit.	Rapport de la population au territoire: bois compris	bois distraits	Des villes de 20 mille et au-dessus: noms des villes	milliers d'habitans	Des villes de 10 à 20 mille: noms des villes	milliers d'habitans	Total	N° du tableau par série	N° de la carte
	RÉGION NORD-OUEST.																		
1	Finistère	281	483 095	52 092	502 851	54 109	49 640	103 649	22	399 202	1 38	1 35	Brest	27	Quimper, Morlaix	10, 10	47	2	28
2	Côtes-du-Nord	346	607 424	32 709	581 684	35 920	48 977	84 601	23	496 703	1 28	1 23	.	-	St.-Brieuc	10	10	10	21
3	Morbihan	231	418 224	38 302	427 453	32 499	69 743	102 252	21	325 201	1 30	1 66	.	-	Lorient, Vannes	15, 11	26	1	55
4	Loire-Inférieure	209	433 816	60 870	457 090	83 344	40 726	124 070	30	333 020	1 55	1 46	Nantes	72	.	-	72	21	43
5	Ille-et-Vilaine	353	533 707	61 484	555 453	62 236	58 417	120 653	20	432 701	1 23	1 14	Rennes	29	St.-Malo, Vitré, St.-Servan	10, 10, 10	59	16	36
6	Manche	660	594 190	48 757	611 206	51 246	48 834	100 080	14	511 126	- 99	- 90	.	-	Cherbourg, Coutances	17, 10	27	6	49
7	Calvados	890	492 613	77 713	500 000	79 640	29 050	109 432	17	391 574	1 14	1 00	Caen	31	Bayeux, Falaise, Lisieux	11, 10, 11	63	21	13
8	Orne	627	422 684	27 281	434 379	27 190	48 246	75 436	21	358 943	1 40	1 36	.	-	Alençon	14	14	43	60
9	Sarthe	418	428 432	35 399	446 819	35 487	43 675	79 164	19	367 356	1 48	1 32	Le Mans	20	.	-	20	20	71
10	Mayenne	288	343 810	31 238	354 138	31 580	10 016	41 603	7	312 535	1 47	1 40	.	-	Laval	15	16	14	62
11	Maine-et-Loire	398	442 860	47 035	468 784	46 046	54 753	100 799	23	367 985	1 56	1 25	Angers	30	Mayenne, Saumur	11, 10	40	17	48
12	Indre-et-Loire	311	282 372	32 519	290 160	31 938	31 063	62 933	20	227 227	1 11	1 03	Tours	21	.	-	21	48	56
13	Indre	255	230 373	30 007	237 628	31 142	36 655	67 714	10	170 914	2 06	1 80	.	-	Châteauroux, Issoudun	11, 11	22	63	55
14	Loir-et-Cher	309	222 522	29 114	230 666	24 002	18 187	42 149	13	187 517	2 02	1 80	.	-	Blois	11	11	47	40
15	Eure-et-Loir	456	264 448	39 367	277 782	33 100	24 273	57 333	20	220 449	1 17	1 08	.	-	Chartres	14	14	28	27
16	Seine	79	621 706	700 756	1 013 373	689 091	59 300	998 000	30	15 183	- 06	- 04	Paris	800	.	-	800	36	21
17	Seine-et-Oise	694	424 490	50 801	440 871	53 027	69 101	123 128	38	317 643	1 27	1 13	Versailles	30	St.-Germain	11	41	39	78
18	Eure	824	416 178	36 894	424 667	35 183	35 205	71 386	27	360 419	1 27	1 21	.	-	Évreux, Louviers	10, 10	20	85	26
19	Oise	738	375 247	26 300	385 124	27 673	37 843	65 016	40	320 108	1 51	1 36	.	-	Beauvais	13	13	82	80
20	Seine-Inférieure	930	653 804	189 790	688 153	147 301	77 085	224 786	30	463 367	0 85	0 72	Rouen, Le Havre	90, 27	Dieppe, Fécamp	17, 10	144	84	53
21	Somme	848	508 910	70 635	526 280	72 749	38 424	111 173	20	415 109	1 13	1 04	Amiens, Abbeville	42, 20	.	-	62	40	77
22	Pas-de-Calais	907	610 344	60 735	654 009	24 849	72 088	156 984	80	496 035	1 04	0 97	Arras, St.-Omer, Boulogne	22, 20, 20	Aire	10	72	26	61
		10 495	9 901 537	1 708 095	10 483 328	1 070 198	1 033 666	3 023 864	323	7 459 464	1 28	1 17		1391		323	1714		
	RÉGION NORD-EST.																		
23	Nord	671	905 764	152 553	962 648	183 684	196 764	380 838	79	601 810	0 60	0 51	Lille, Dunkerque, Valenciennes, Douai	70, 25, 20, 20	Cambrai, St.-Amand	17, 10	162	43	58
24	Aisne	839	480 600	24 057	489 560	39 534	63 263	102 997	40	386 563	1 53	1 30	.	-	St.-Quentin	18	18	65	2
25	Seine-et-Marne	561	308 183	19 203	318 269	31 041	36 189	67 330	37	250 919	1 85	1 64	.	-	.	-	-	89	74
26	Loiret	363	291 384	39 330	304 226	56 034	63 853	119 907	36	184 321	2 12	1 91	Orléans	40	.	-	40	52	41
27	Cher	307	230 561	17 060	248 589	28 330	33 874	64 656	26	166 169	2 02	1 37	Bourges	20	.	-	20	71	35
28	Nièvre	317	257 990	28 300	271 777	29 416	35 908	65 563	29	206 155	2 04	1 90	.	-	Nevers	16	16	77	57
29	Côte-d'Or	733	358 148	41 900	370 943	41 627	43 635	85 262	27	265 701	2 30	1 71	Dijon	24	Beaune	10	34	78	60
30	Yonne	484	333 006	35 317	342 110	35 207	36 801	71 798	23	270 376	2 23	1 67	.	-	Auxerre	12	12	73	66
31	Aube	445	230 088	36 001	241 702	27 439	29 074	58 613	17	182 980	2 02	2 21	Troyes	26	.	-	26	49	9
32	Marne	669	309 444	38 470	320 946	62 468	27 141	89 639	30	234 456	2 88	2 57	Reims	39	Châlons-sur-M.	12	51	35	90
33	Ardennes	444	290 955	26 744	281 654	18 305	40 280	58 591	30	207 033	1 92	1 34	.	-	Sedan	13	13	78	7
34	Meuse	501	302 385	22 074	306 339	28 232	28 171	56 423	16	249 964	1 97	1 38	.	-	Bar-le-Duc, Verdun	12, 10	22	81	34
35	Haute-Marne	550	233 238	24 861	244 523	15 783	22 386	38 169	13	205 656	2 99	1 68	.	-	.	-	-	64	51
36	Vosges	550	352 727	27 778	379 830	20 438	06 277	51 255	14	298 645	1 65	0 90	.	-	.	-	-	86	85
37	Meurthe	718	379 985	53 797	403 028	53 784	45 987	107 701	31	285 337	1 52	1 11	Nancy	30	Lunéville	12	41	80	55
38	Moselle	640	380 098	53 064	469 155	57 002	32 894	91 528	34	314 323	1 66	1 25	Metz	45	.	-	45	74	50
39	Bas-Rhin	561	502 635	09 041	538 007	70 447	80 103	139 602	37	376 845	0 87	0 79	Strasbourg	50	Schelestat	10	60	83	60
40	Haut-Rhin	453	370 002	21 985	408 711	42 820	64 260	107 089	30	301 622	0 93	0 81	.	-	Colmar	15	18	86	67
41	Haute-Saône	651	308 171	14 710	323 641	13 772	53 499	69 271	32	266 370	1 98	1 30	.	-	.	-	-	82	69
42	Doubs	630	249 688	37 300	254 314	40 181	20 305	60 489	19	193 825	1 16	1 64	Besançon	29	Pontarlier-s-Jo.	10	39	76	71
43	Jura	730	301 768	27 250	310 982	23 720	34 003	67 821	23	243 400	1 61	1 17	.	-	Dôle	10	10	79	36
		12 285	7 391 250	870 811	7 738 140	912 002	1 119 151	2 031 153	348	5 706 007	1 68	1 30		437		187	624		
	RÉGION SUD-EST.																		
44	Ain	448	328 838	21 303	341 628	23 020	20 350	43 370	21	298 349	1 33	1 22	.	-	.	-	-	60	2
45	Isère	558	505 565	41 713	525 084	40 230	43 748	85 044	25	420 060	1 00	1 31	Grenoble	22	Vienne	14	36	60	36
46	Drôme	363	273 511	23 615	285 791	24 125	34 579	58 704	16	227 087	2 30	2 04	.	-	Valence	10	10	56	27
47	Hautes-Alpes	189	121 416	11 651	125 320	12 920	10 333	23 463	8	101 880	4 44	3 87	.	-	.	-	-	53	5
48	Basses-Alpes	258	148 310	14 796	153 063	13 607	17 185	30 862	15	122 121	4 81	3 46	.	-	.	-	-	38	3
49	Var	230	305 098	57 635	317 085	67 892	86 579	120 471	20	190 614	1 24	1 95	Toulon	30	Grasse	13	43	64	60
50	Bouches-du-Rhône	106	313 614	189 057	320 302	188 944	34 277	223 221	21	93 081	1 05	1 09	Marseille, Aix, Arles	116, 23, 20	Tarascon	10	169	33	15
51	Vaucluse	159	206 431	30 019	233 018	38 433	56 161	91 896	13	141 082	1 44	1 23	Avignon	31	Carpentras	10	41	61	41
52	Gard	365	334 164	57 790	347 550	60 311	81 758	142 079	25	205 471	1 72	1 36	Nîmes	39	Alais	10	49	72	29
53	Hérault	383	305 126	65 848	339 950	68 320	47 458	116 228	21	223 858	1 80	1 50	Montpellier	36	Béziers, Lodève	17, 10	63	34	13
54	Aveyron	501	329 412	23 400	350 014	34 006	12 752	47 358	13	302 656	2 51	2 35	.	-	Villefranche	10	10	23	11
55	Lozère	195	133 934	10 780	138 758	10 277	14 900	24 608	11	113 080	3 60	3 44	.	-	.	-	-	20	47
56	Ardèche	335	304 339	9 665	308 410	16 091	30 328	49 036	17	276 661	1 67	1 50	.	-	.	-	-	27	6
57	Haute-Loire	274	276 870	30 062	285 623	37 106	20 214	56 402	13	220 221	1 77	1 62	.	-	Le Puy	15	15	16	48
58	Cantal	270	262 100	21 386	272 013	21 232	16 336	38 459	13	233 554	2 14	2 05	.	-	.	-	-	23	14
59	Puy-de-Dôme	438	563 430	66 912	600 523	67 006	89 851	152 500	43	406 813	1 40	1 30	Clermont	30	Riom	13	43	20	02
60	Loire	327	343 584	37 088	378 211	51 103	37 250	88 333	16	287 261	1 33	1 22	St.-Étienne	37	.	-	37	31	41
61	Rhône	261	391 580	164 474	416 875	172 079	35 459	208 138	17	208 537	0 70	0 67	Lyon	133	.	-	133	8	08
62	Saône-et-Loire	609	498 057	30 519	515 756	37 093	37 512	75 005	21	440 711	1 65	1 43	.	-	Moulins	15	16	44	70
63	Allier	350	280 025	25 206	285 302	27 155	27 855	54 910	16	231 008	2 60	2 22	.	-	Mâcon, Châlons-s.-S., Autun	11, 11, 10	32	60	3
64	Creuse	254	180 508	12 827	186 179	24 493	7 182	31 080	9	155 299	3 30	3 21	.	-	Decize	10	10	6	19
		6 091	6 433 692	830 035	6 800 508	1 090 071	685 127	1 785 198	370	4 914 208	1 04	1 61		337		189	526		
	RÉGION SUD-OUEST.																		
65	Corse	288	248 985	14 296	252 958	10 028	12 425	22 583	11	230 380	2 29	2 16	.	-	.	-	-	22	23
66	Haute-Vienne	204	272 390	38 781	276 351	30 634	55 000	85 634	30	190 387	2 02	1 96	Limoges	28	.	-	20	7	64
67	Vienne	343	269 092	40 377	267 070	41 576	7 096	48 674	9	218 005	2 65	2 34	Poitiers	22	Châtellerault	10	32	45	65
68	Deux-Sèvres	363	279 845	19 071	288 260	23 141	12 230	35 373	9	252 887	2 05	1 96	.	-	Niort	16	16	94	76
69	Vendée	324	310 382	14 990	322 056	14 935	19 026	33 960	9	288 846	2 09	2 03	.	-	.	-	-	5	80
70	Charente-Inférieure	868	409 577	47 189	424 247	47 133	40 394	87 451	25	336 896	1 69	1 59	.	-	Rochefort, La Rochelle, Saintes	13, 11, 10	34	11	16
71	Charente	458	347 641	24 719	363 053	26 250	26 133	52 383	20	301 695	1 66	1 59	.	-	Angoulême	15	15	9	15
72	Dordogne	642	453 130	28 401	487 074	31 349	48 647	80 189	35	363 885	1 84	1 70	.	-	Périgueux	11	11	50	23
73	Corrèze	290	273 418	18 158	284 882	19 241	26 891	46 131	11	239 751	2 09	1 85	.	-	.	-	-	3	18
74	Lot	344	276 196	24 076	280 815	24 760	17 340	41 549	11	237 008	1 42	1 33	.	-	Cahors	12	12	19	46
75	Tarn-et-Garonne	281	238 143	43 230	241 586	21 048	14 495	75 998	13	165 490	1 47	1 37	Montauban	25	Moissac	10	35	51	59
76	Lot-et-Garonne	425	330 121	33 782	336 886	34 400	47 993	85 079	16	255 935	1 42	1 34	.	-	Agen, Villen.-d'Agen	12, 10	22	15	46
77	Gironde	553	522 041	110 681	536 151	116 008	45 918	160 633	37	388 018	1 02	1 86	Bordeaux	94	.	-	94	37	39
78	Landes	368	250 311	13 413	265 300	13 000	32 329	45 000	18	219 333	3 30	2 80	.	-	.	-	-	65	39
79	Basses-Pyrénées	669	390 424	26 670	412 406	30 601	33 069	73 530	16	339 939	1 68	1 50	.	-	Bayonne, Pau	13, 12	25	00	63
80	Hautes-Pyrénées	501	217 077	15 747	222 050	16 059	23 462	40 347	11	181 692	2 00	1 70	.	-	.	-	-	70	64
81	Gers	524	301 336	26 606	307 001	28 377	42 009	70 246	23	236 855	2 03	1 85	.	-	Auch	11	11	39	31
82	Haute-Garonne	605	391 118	63 317	401 616	86 204	18 865	103 540	19	303 287	1 50	1 43	Toulouse	53	.	-	53	41	30
83	Tarn	383	315 713	30 230	317 665	41 169	33 981	77 150	14	250 905	1 70	1 64	.	-	Castres, Alby	16, 11	27	25	26
84	Aude	436	253 194	41 478	265 291	45 014	32 070	66 080	14	199 306	2 32	2 38	.	-	Carcassonne, Narbonne, Castelnaudary	15, 10, 10	35	63	10
85	Ariège	337	234 878	14 338	247 593	12 736	16 596	29 332	13	218 000	2 14	1 78	.	-	.	-	-	66	8
86	Pyrénées-Orientales	240	143 084	26 220	151 372	21 989	22 507	43 777	12	107 083	2 12	2 32	.	-	Perpignan	15	15	98	06
		9 076	6 732 572	731 846	6 930 337	752 269	670 077	1 423 296	386	5 516 101	1 96	1 79		220		240	460		
	RÉCAPITULATION.												Nombre de villes		Nombre de villes				
1	Région Nord-Ouest	10 497	9 901 537	1 708 095	10 483 328	1 070 198	1 033 666	3 023 864	323	7 459 464	1 28	1 17	18	1391	28	323	1714		
2	Région Nord-Est	12 285	7 391 250	870 811	7 738 140	912 002	1 119 151	2 031 153	348	5 706 007	1 68	1 30	13	437	15	187	624		
3	Région Sud-Est	6 091	6 433 692	830 035	6 800 508	1 090 071	685 127	1 785 198	370	4 914 208	1 01	1 61	11	337	16	189	526		
4	Région Sud-Ouest	9 076	6 732 572	731 846	6 930 337	752 269	670 077	1 423 296	386	5 516 101	1 96	1 79	5	220	20	240	460		
		38 849	30 459 051	4 141 205	31 958 171	3 824 480	3 608 031	8 263 391	1 867	23 594 780	1 09	1 47	45	2385	79	945	3330		
	Le 1/4 p' moyenne	9 712	7 612 250	1 077 800	7 989 543	1 125 015	902 333	2 065 848	467	5 898 695	1 09	1 47	11	651	20	236	884		

Nota. On a compris dans les villes de 10,000 habitans, toutes celles qui en comportent de neuf à dix mille.

N° 2 c.

VIGNES, FORGES, ETC.

TABLEAU, *par régions, des Vignes et des Usines pour la fabrication du Fer, alimentées par le charbon de bois et la houille, et autres Établissemens en concurrence avec ces Usines pour la consommation des bois taillis, avec indication des Départemens comportant des minéraux de fer, de houille et de tourbe; dressé, pour les Forges et Hauts-Fourneaux, d'après les états de la Direction générale des Ponts-et-Chaussées et autres renseignemens, et pour le surplus d'après l'Almanach du Commerce de 1829 et les Statistiques les plus récentes.*

Numéros d'ordre	Départemens	Vignes — leur étendue	Minéraux (indiqués par leurs initiales): Fer	Minéraux: Houille	Minéraux: Tourbe	Hauts-fourneaux: au bois	Hauts-fourneaux: au bois et au coak	Hauts-fourneaux: au coak	Hauts-fourneaux: total	Forges: feux d'affinerie au bois	Forges: feux d'affinage à la houille	Forges: à la catalane	Fonderies royales de canons et arsenaux d'armes	Verreries: verre blanc	Verreries: verre noir	Verreries: glaces	Porcelaineries	Faïenceries	Poteries	Fours à chaux et à plâtre	Tuileries et briqueteries	Tanneries	N° de renvoi: au tableau par ordre	N° de renvoi: de la carte
	RÉGION NORD-OUEST.	hectares.																						
1	Finistère	-	-	-	-	-	-	-	-	-	-	-	-	-	-	-	-	-	-	-	-	-	2	18
2	Côtes-du-Nord	-	H.	H.	-	4	-	-	4	6	-	-	Arsenal.	-	-	-	-	-	-	-	-	T. [illegible]	10	21
3	Morbihan	585	H.	-	-	5	-	-	5	4	-	-	-	-	-	-	-	-	-	-	-	T.	1	55
4	Loire-Inférieure	45 000	H.	H.	T.	4	-	-	4	2	6	-	2 Fonderies de canons.	V.	-	-	P.	F.	P.	-	-	T.	11	43
5	Ille-et-Vilaine	306	H.	-	-	6	-	-	6	6	4	-	1 Fonderie idem.	V.	-	-	-	-	-	-	-	T.	18	34
6	Manche	-	H.	H.	-	1	-	-	1	-	-	-	-	V. [illegible]	-	-	-	-	-	-	-	-	4	49
7	Calvados	2	-	H.	-	-	-	-	-	-	-	-	-	-	-	-	P.	-	F.	-	-	T.	21	13
8	Orne	-	H.	-	-	13	-	-	13	21	-	-	-	V.	-	-	-	F.	-	-	-	T.	42	60
9	Sarthe	10 350	H.	H.	-	6	-	-	6	10	-	-	-	V.	-	-	-	F.	-	-	-	T.	30	71
10	Mayenne	500	H.	H.	-	8	-	-	8	11	-	-	-	-	-	-	-	-	-	-	-	-	14	92
11	Maine-et-Loire	35 000	H.	H.	-	3	-	-	3	5	-	-	-	V. [illegible]	-	-	-	-	-	F. à chaux.	-	-	77	48
12	Indre-et-Loire	30 000	H.	-	-	3	-	-	3	8	-	-	-	-	-	-	-	-	-	-	-	T.	48	36
13	Indre	14 000	H.	-	-	14	-	-	14	30	-	-	-	-	-	-	P.	-	P.	-	T.	-	63	35
14	Loir-et-Cher	26 000	H.	-	T.	1	-	-	1	3	-	-	-	V.	-	-	-	-	-	F. à chaux.	T.	T.	47	40
15	Eure-et-Loir	7 000	H.	-	T.	1	-	-	1	4	-	-	-	-	-	-	-	-	-	-	-	T.	38	27
16	Seine	4 800	-	-	-	Manufactures nombreuses et variées.							-	-	-	-	-	-	-	-	-	-	38	79
17	Seine-et-Oise	20 000	-	-	-	-	-	-	-	-	-	-	-	V.	-	-	P. Sèvres.	-	-	F. à pl. et à ch.	-	T.	82	25
18	Eure	1 850	H.	-	-	10	-	-	10	14	-	-	-	-	-	-	-	-	-	-	-	T.	67	26
19	Oise	5 500	-	H.	-	-	-	-	-	-	2	-	-	-	-	-	-	F. Creil.	P.	-	-	T. consid.	69	30
20	Seine-Inférieure	-	H.	-	-	-	-	-	-	-	-	-	-	V.	-	-	-	F.	P.	-	-	V.	84	33
21	Somme	34	-	-	T. ab.	-	-	-	-	-	-	-	-	-	-	-	-	-	-	-	-	T.	46	72
22	Pas-de-Calais	-	-	H.	T.	-	-	-	-	-	-	-	-	V.	-	-	-	-	-	-	-	Moulins à tan.	20	61
		207 017	15	9	5	79	-	-	77	133	11	-	3 Fonderies. 1 Arsenal.	10	-	-	4	5	5	3	2	15		
	RÉGION NORD-EST.																							
23	Nord	-	H.	H. ab.	T.	3	-	-	3	28	2	-	Fond. et manuf. d'armes.	V.	V.	-	-	F.	-	-	B. dem.	-	43	58
24	Aisne	9 602	-	-	T.	-	-	-	-	3	-	-	Arsen. de const. d'artil.	V. Folembray.	Bouteilles à Quinquengrogne.	Gl. St-Gobain.	-	-	P.	F. à Pl. [illegible]	B. T. [illegible]	T.	65	2
25	Seine-et-Marne	10 517	-	-	T.	-	-	-	-	-	-	-	-	V.	-	-	P.	F.	-	F. à ch. et à pl.	-	T.	50	24
26	Loiret	39 000	-	-	-	-	-	-	-	-	-	-	-	-	-	-	-	-	P.	-	T.	-	57	42
27	Cher	72 000	H. ab.	-	-	10	4	-	14	30	2	-	Fonderie de can. et Arsenal.	V. [illegible]	-	-	P.	-	P. G.	F. à ch. et à pl.	T. et B.	T.	74	17
28	Nièvre	15 000	H. ab.	H.	-	22	2	-	24	138	21	-	Arsenal pour la marine.	V.	V.	-	P.	P.	P.	F. à ch. et à pl.	T. et B.	T.	27	57
29	Côte-d'Or	29 651	H. ab.	H.	-	30	-	-	30	63	10	-	Fond. de can. [illegible]	-	-	-	-	-	-	F. à chaux.	-	T.	78	10
30	Yonne	36 000	H.	-	-	3	-	-	3	4	-	-	[illegible]	V.	B.	-	-	-	-	F. à chaux.	T. et B.	T.	73	86
31	Aube	22 596	-	-	-	-	-	-	-	5	-	-	-	-	-	-	-	-	-	-	-	T.	40	9
32	Marne	20 000	H.	-	T.	1	-	-	1	-	-	-	-	V.	-	-	-	F.	-	-	-	T.	44	30
33	Ardennes	1 060	H.	H.	-	24	-	-	24	37	18	-	Manufacture d'armes.	V. [illegible]	-	-	-	-	-	-	-	T.	76	[illegible]
34	Meuse	13 100	H. ab.	H.	-	24	-	-	24	45	6	-	-	-	V.	-	-	F.	-	-	-	T.	81	84
35	Haute-Marne	17 000	H.	-	-	52	-	-	52	106	-	-	-	-	-	-	-	-	-	-	-	-	84	51
36	Vosges	4 000	H.	H.	-	6	-	-	6	44	1	-	-	V.	-	-	-	-	-	-	-	T.	85	85
37	Meurthe	13 500	-	-	-	-	-	-	-	2	-	-	-	V.	-	Cristaux.	P.	F.	P. 30	F. à ch. et à pl.	T. 30.	T.	80	53
38	Moselle	4 300	H.	H.	-	9	-	5	14	39	14	-	Fond. de canons. Manuf. d'armes bl. et à feu.	V.	-	Cristaux.	-	F.	P.	F. à chaux.	-	T.	26	36
39	Bas-Rhin	14 300	H.	H.	-	4	-	-	4	10	-	-	-	V.	-	-	-	-	-	F. à plâtre.	-	T.	53	66
40	Haut-Rhin	13 600	H.	H.	-	4	-	-	4	29	-	-	-	-	-	-	-	-	P.	F. à plâtre.	-	T.	86	62
41	Haute-Saône	12 600	H.	H.	-	35	-	-	35	43	-	-	-	V.	-	-	-	F.	P.	F. à chaux.	T.	T.	82	69
42	Doubs	8 900	H.	-	T.	10	-	-	10	38	2	-	-	V.	-	-	-	F.	-	F. à ch. et à pl.	T. et B.	T. 79.	25	24
43	Jura	16 000	H.	H.	T.	3	-	-	3	39	-	-	-	-	-	-	-	-	-	F. à ch. et à pl.	T. nomb.	-	79	38
		382 110	16	11	6	231	6	5	262	710	81	-	4 Fonderies de canons. 6 Manufactures et arsenaux.	15	5	3	4	10	8	13	10	15		
	RÉGION SUD-EST.	hectares.																						
44	Ain	16 418	-	-	-	-	-	-	-	-	-	-	-	-	-	-	-	-	P.	-	-	T.	66	[illegible]
45	Isère	29 600	H.	H.	-	8	-	2	10	12	-	-	-	-	-	-	-	-	-	-	-	T.	66	[illegible]
46	Drôme	18 800	-	-	-	-	-	-	-	-	-	-	F. de C. p. la marine.	-	-	-	-	-	P.	F. à plâtre.	-	-	56	[illegible]
47	Hautes-Alpes	5 850	-	H.	-	-	-	-	-	-	-	-	-	-	-	-	-	-	-	-	-	T.	59	[illegible]
48	Basses-Alpes	3 600	-	H.	-	-	-	-	-	-	-	-	-	-	-	-	-	-	-	-	-	-	35	[illegible]
49	Var	12 000	-	H.	-	-	-	-	-	4	-	-	-	V.	V.	-	-	-	P.	F. à plâtre.	-	T.	61	[illegible]
50	Bouches-du-Rhône	27 334	-	-	-	-	-	-	-	-	-	-	Manuf. d'armes blanches.	V.	-	-	-	F.	-	-	-	T.	33	[illegible]
51	Vaucluse	15 000	-	H.	-	-	-	-	-	-	-	-	-	-	-	-	-	F.	P.	-	-	-	61	[illegible]
52	Gard	100 000	-	H.	-	-	-	-	-	-	-	-	-	V. gl. [illegible]	-	-	-	-	-	-	-	T.	72	[illegible]
53	Hérault	75 000	-	H.	-	-	-	-	-	-	-	-	-	-	-	-	-	-	-	-	-	-	34	[illegible]
54	Aveyron	13 714	H. ab.	H.	-	-	-	-	-	-	-	-	-	-	-	-	-	-	-	-	-	T.	33	[illegible]
55	Lozère	Quelq. hect.	-	-	-	-	-	-	-	-	-	-	-	-	-	-	-	-	-	-	-	-	20	[illegible]
56	Ardèche	14 229	-	H.	-	-	-	-	-	-	-	-	-	-	-	-	-	-	-	-	-	T.	27	[illegible]
57	Haute-Loire	4 050	-	H. ab.	-	-	-	-	-	-	-	-	-	-	-	-	-	-	-	F. à plâtre.	-	T.	15	[illegible]
58	Cantal	180	-	H.	T.	-	-	-	-	-	-	-	-	-	-	-	-	-	-	-	-	T.	23	[illegible]
59	Puy-de-Dôme	22 600	-	H.	-	-	-	-	-	-	-	-	-	-	V.	-	-	F.	-	-	-	T.	29	[illegible]
60	Loire	13 100	H.	H. ab.	-	1	-	4	5	-	38	-	-	-	-	-	-	-	-	-	-	T.	51	[illegible]
61	Rhône	18 120	-	H.	-	-	-	-	-	-	-	-	-	-	-	-	-	-	-	-	-	-	8	[illegible]
62	Saône-et-Loire	28 000	-	H.	-	4	-	1	5	0	9	-	F. de canons et d'armes. Creusot. — Armes à feu.	-	-	Cristaux du Creusot. C.	-	-	-	-	-	T.	36	[illegible]
63	Allier	18 243	H.	H.	-	4	-	-	4	15	-	-	-	-	Blancal.	C.	P.	F.	-	F. à chaux.	B. et T.	-	60	[illegible]
64	Ile-de-Corse	10 468	-	-	-	-	-	-	-	-	-	10	-	V.	-	-	-	-	-	-	-	T.	06	[illegible]
		495 706	4	16	1	17	-	7	24	40	47	10	2 Fonderies de canons. 2 Manufact. d'armes.	4	1	1	1	4	4	4	1	14		
	RÉGION SUD-OUEST.																							
65	Creuse	-	-	H.	-	-	-	-	-	-	-	-	-	V.	-	-	P.	-	-	-	-	T.	22	[illegible]
66	Haute-Vienne	2 950	H.	-	-	4	-	-	4	40	-	-	-	-	-	-	P.	-	P.	-	-	T.	7	[illegible]
67	Vienne	33 000	H.	-	-	2	-	-	2	5	-	-	Manuf. d'armes blanch.	-	-	-	-	-	-	-	-	T.	63	[illegible]
68	Deux-Sèvres	20 000	H.	-	-	1	-	-	1	3	-	-	-	-	-	-	-	F.	P.	-	-	-	24	[illegible]
69	Vendée	10 000	-	H. [illegible]	-	-	-	-	-	-	-	-	-	-	-	-	-	-	P.	F. à chaux.	T.	T.	6	[illegible]
70	Charente-Inférieure	98 800	-	-	T.	-	-	-	-	2	-	-	Ars. de const. p. l'artill.	V.	-	-	P.	F.	-	F. à plâtre.	-	-	12	[illegible]
71	Charente	60 300	H.	-	-	9	-	-	9	16	-	-	F. de boul. pour la marine.	-	-	-	-	V.	P. [illegible]	F. à plâtre.	-	-	9	[illegible]
72	Dordogne	23 000	H.	H.	-	37	-	-	37	97	-	2	-	-	-	-	-	-	-	F. à plâtre.	-	T.	30	[illegible]
73	Corrèze	20 000	H.	H.	-	2	-	-	2	11	-	-	Man. d'armes à Tulle.	-	-	-	-	-	-	-	-	-	3	[illegible]
74	Lot	47 000	-	-	-	1	-	-	1	1	-	2	-	-	-	-	-	-	-	-	-	T.	10	[illegible]
75	Tarn-et-Garonne	30 000	H.	-	-	2	-	-	2	1	-	-	-	-	-	-	-	F.	-	-	-	T. nomb.	51	[illegible]
76	Lot-et-Garonne	60 000	H.	-	-	4	-	-	4	6	-	3	-	V.	-	-	-	F.	P.	-	-	T.	15	[illegible]
77	Gironde	110 000	H.	-	-	4	-	-	4	2	-	-	-	V. [illegible]	-	-	-	F.	-	-	-	-	33	[illegible]
78	Landes	19 800	H.	-	-	4	-	-	4	13	-	-	-	-	-	-	-	-	-	-	-	T.	68	[illegible]
79	Basses-Pyrénées	16 700	H.	-	-	2	-	2	5	6	-	3	-	-	-	-	-	-	-	-	-	G. [illegible]	69	[illegible]
80	Hautes-Pyrénées	11 000	-	-	-	-	-	-	-	-	-	-	-	-	-	-	-	-	-	-	-	T.	73	[illegible]
81	Gers	24 000	-	-	-	-	-	-	-	-	-	-	-	V.	-	-	-	V.	P.	-	-	T.	39	[illegible]
82	Haute-Garonne	57 300	H.	-	-	-	-	-	-	-	-	1	Fonderie à Toulouse.	-	-	-	-	-	P.	-	-	T.	41	[illegible]
83	Tarn	33 000	H.	H.	-	-	-	-	-	-	-	1	-	-	-	-	-	-	-	-	-	-	25	[illegible]
84	Aude	36 051	H.	H.	-	-	-	-	-	-	-	17	-	-	-	-	-	F.	-	F. à plâtre.	-	T.	62	[illegible]
85	Arriège	5 343	H.	-	-	-	-	-	-	-	-	47	-	-	-	-	-	F.	-	-	-	T.	06	[illegible]
86	Pyrénées-Orient.	34 900	H.	H.	-	-	-	-	-	-	-	20	-	-	-	-	-	-	-	-	-	T.	89	[illegible]
		807 077	16	7	1	72	-	-	72	205	-	96 Forg.	2 Fonderies. 1 Arsenal et Manuf.	5	-	-	3	9	7	5	1	16		
	RÉCAPITULATION.																							
1	Région Nord-Ouest	207 017	15	9	5	77	-	-	77	133	11	-	3 Fonderies. 1 Arsenal.	10	-	-	4	5	5	3	2	15		
2	Région Nord-Est	382 110	16	11	6	251	6	5	262	710	81	-	4 F. 6 Arsen. et Manuf.	15	5	3	4	10	8	14	10	15		
3	Région Sud-Est	495 706	4	16	1	17	-	7	24	40	47	10	3 Fonderies et Manufac.	4	1	1	1	4	4	4	1	14		
4	Région Sud-Ouest	807 077	16	7	1	72	-	-	72	206	-	96	2 F. 1 Arsen. et Manuf.	5	-	-	3	9	7	5	1	16		
		1 891 910	51	43	13	417	6	12	435	1 086	139	106	11 Fonderies, 12 Arsen. et Manuf. d'armes.	34	9	4	12	28	24	26	16	60		
	Le 1/4 pour moyen.	463 704	13	11	3	104	1 1/2	3	109	272	35	27	3 Fonderies et 3 Ars.	8 1/2	1 1/2	1	3	7	6	6 1/2	3 1/2	15		

NOTA. Les Minéraux et les Fabriques secondaires ne sont désignés par Départemens que par leurs initiales, et les totaux, placés au bas de chaque colonne, ne représentent que le nombre de Départemens où il en existe.

N° 2 E.

RÉCAPITULATION GÉNÉRALE.

RÉSUMÉ DES TABLEAUX STATISTIQUES PAR RÉGIONS.

NOTA. — La Région Nord-Est, qui comporte le plus de bois, est celle dont le territoire est le moins grand; elle diffère d'un 38e de la région moyenne.

N° 2 A. — ÉTENDUE EN SURFACE.

RÉGIONS	Du territoire	Du sol productif	Du sol boisé	Bois soumis à l'action du gouvernement : de l'État	Bois soumis : des communes et d'établ. publ. [illegible]	Bois soumis : [illegible]	Bois soumis : [illegible] total	Bois étrangers à l'action du gouvernement : de la couronne	Bois étrangers : des princes de la famille royale	Bois étrangers : des particuliers	Bois étrangers : total	Rapport des bois au territoire
	hectares (milliers)	hectares (milliers)	hectares (milliers)	hectares (milliers)		hectares (milliers)	hectares (milliers)	hectares (milliers)	hectares (milliers)	hectares (milliers)	hectares (milliers)	
Nord-Ouest	13 417	12 291	1 795	109	227	71	307	47	71	801	919	[illegible]
Nord-Est	13 023	10 042	3 031	631	6 706	1 082	1 713	20	172	1 186	1 318	[illegible]
Sud-Est	13 470	12 059	1 411	148	2 788	607	793	-	8	629	637	[illegible]
Sud-Ouest	13 243	12 408	1 275	102	1 476	260	422	-	3	851	854	[illegible]
Totaux	53 705	46 860	6 853	1 355	11 261	1 980	3 095	67	194	3 487	3 748	[illegible]
Le ¼ pour Région moyenne	13 426	11 715	1 711	284	2815	490	774	17	48	872	937	[illegible]

PRINCIPAUX DÉBOUCHÉS DES TAILLIS.

N° 2 B. — POPULATION (chauffage).

RÉGIONS	Nombre de communes	Urbaine : de 30 mille et au-dessus, nombre de villes	de 30 mille et au-dessus, habitants	de 30 à 20 m., nombre de villes	de 30 à 20 m., habitants	de 20 à 10 m., nombre de villes	de 20 à 10 m., habitants	de 10 à 2 m., nombre de villes	de 10 à 2 m., habitants	Total des villes de 2000 habit. et de leur population : villes	Total : population	Rurale, comprenant les villes au-dessous de 2000 habitants	Total	Rapport de la population au territoire : [illegible]	Rapport : [illegible]
			milliers		milliers				milliers		milliers	milliers	milliers		
Nord-Ouest	10 497	7	1 183	9	206	28	323	479	1 290	523	3 003	7 480	10 483	1—28	1—17
Nord-Est	12 285	5	244	8	193	15	187	560	1 407	588	2 031	5 705	7 736	1—68	1—30
Sud-Est	6 901	8	492	3	65	10	180	343	1 049	370	1 786	4 914	6 700	2—01	1—81
Sud-Ouest	9 076	2	147	3	73	25	246	301	957	336	1 423	5 510	6 030	1—93	1—79
Totaux	38 859	22	2 066	23	537	79	945	1 713	4 696	1 807	8 243	23 095	31 838	1—09	1—47
Le ¼ pour Région moyenne	9 712	5	517	6	134	20	236	436	1 174	467	2 061	5 899	7 960	1—09	1—47

N° 2 C. — VIGNES ET FABRIQUES.

RÉGIONS	Vignes	Usines pour la fabrication du fer, alimentées par le bois : [illegible]	Usines : [illegible]	Usines : [illegible]	Fabriques secondaires désignées par le nombre des départements où elles sont situées : Verreries [illegible]	Verreries [illegible]	Verreries [illegible]	[illegible]	[illegible]	[illegible]	[illegible]	[illegible]	Total
	hectares												
Nord-Ouest	307	17	133	7	10	-	-	4	8	5	3	2	15
Nord-Est	352	251	710	-	15	6	3	4	10	8	14	10	15
Sud-Est	496	17	40	20	4	3	1	1	4	4	4	-	14
Sud-Ouest	808	73	205	96	5	-	-	3	9	7	3	1	16
Totaux	1 863	417	1088	106	34	9	4	12	26	24	20	14	60
Le ¼ pour Région moyenne	466	104	272	27	8 ½	2	1	3	7	6	6 ½	3 ½	15

N° 2 D. — REVENU ET IMPÔTS.

RÉGIONS	Revenu : par région	Revenu : par habitant	Revenu : par hectare	Contribution foncière : par région	Foncière : par habitant	Foncière : par hectare	Contribution personn. et mobil. : par région	Personn. et mobil. : par habitant
	francs (milliers)	fr. c.	fr. c.	francs (milliers)		fr. c.	francs (milliers)	fr. c.
Nord-Ouest	536 718	40 ..	31 20	74 054	5 97	7 08	16 185	1 64
Nord-Est	385 003	29 29	40 98	49 148	3 76	6 36	7 110	. 90
Sud-Est	322 683	23 91	48 01	38 074	2 83	5 66	6 018	. 90
Sud-Ouest	331 538	24 12	47 76	41 448	3 02	6 97	5 960	. 86
Totaux	1 570 258	99 36	49 09	202 754	5 79	6 37	35 581	1 12
Le ¼ pour Région moyenne	394 060	29 35	49 62	50 688	3 78	6 37	8 965	1 12

RÉGION NORD-EST, RAPPELÉE AU ¼ DE L'ÉTENDUE GÉNÉRALE.

	Du territoire	Du sol productif	Du sol boisé	de l'État	[illegible]	[illegible]	total soumis	de la couronne	des princes	des particuliers	total étrangers	Rapport des bois au territoire
Rapport de la région Nord-Est	13 023	10 042	3 031	631	6 706	1 082	1 713	20	172	1 186	1 318	[illegible]
Le ... de rég. moy. pr balance	303	308	45	7	74	15	20	-	2	23	25	[illegible]
Totaux	13 426	10 350	3 076	638	6 780	1 098	1 733	20	174	1 209	1 343	[illegible]
Rapport de la région moyenne	13 426	11 715	1 711	284	2 815	490	774	17	48	872	937	[illegible]
Balance en fav. de la rég. N.-E.	-	-	1365	354	3 965	608	959	3	66	337	406	[illegible]
Balance en fav. de la rég. moy.	-	1365	-	-	-	-	-	-	-	-	-	-

	Nombre de communes	30 m. et au-dessus : villes	habitants	30 à 20 m. : villes	habitants	20 à 10 m. : villes	habitants	10 à 2 m. : villes	habitants	Total : villes	Total : population	Rurale	Total	Rapport [illegible]	Rapport [illegible]
Rapport de la région Nord-Est	12 285	5	244	8	193	15	187	560	1 407	588	2 031	5 705	7 736	1—68	1—30
Le ... de rég. moy. pr balance	265	-	14	-	4	1	6	11	31	11	55	165	230	1—09	1—47
Totaux	12 550	5	258	8	197	16	193	571	1 438	599	2 086	5 870	7 966	1—09	1—30
Rapport de la région moyenne	9 712	5	517	6	134	20	236	436	1 174	467	2 061	5 899	7 960	1—09	1—47
Balance en fav. de la rég. N.-E.	2 838	-	-	2	63	-	-	135	264	132	25	-	-	-	-
Balance en fav. de la rég. moy.	-	-	259	-	-	4	43	-	-	-	-	29	14	-	1—17

	Vignes	Usines [illegible]	Usines [illegible]	Usines [illegible]	Verreries [illegible]	Verreries [illegible]	Verreries [illegible]	[illegible]	[illegible]	[illegible]	[illegible]	[illegible]	Total
Rapport de la région Nord-Est	352	251	710	-	15	6	3	4	10	8	14	10	15
Le ... de rég. moy. pr balance	12	3	7	-	-	-	-	-	-	-	-	-	-
Totaux	364	254	717	-	15	6	3	4	10	8	14	10	15
Rapport de la région moyenne	466	104	272	27	8 ½	1 ½	1	3	7	6	6 ½	3 ½	15
Balance en fav. de la rég. N.-E.	-	150	445	-	6 ½	3 ½	2	1	3	2	7 ½	6 ½	-
Balance en fav. de la rég. moy.	102	-	-	27	-	-	-	-	-	-	-	-	-

	Revenu : par région	par habitant	par hectare	Foncière : par région	par habitant	par hectare	Personn. et mobil. : par région	par habitant
Rapport de la région Nord-Est	385 003	29 29	40 98	49 148	3 76	6 36	7 110	. 90
Le ... de rég. moy. pr balance	10 770	29 35	49 02	1 335	3 78	6 37	234	1 12
Totaux	395 773	29 31	40 87	50 483	3 77	6 36	7 344	. 96
Rapport de la région moyenne	394 060	29 35	40 62	50 688	3 78	6 37	8 965	1 12
Balance en fav. de la rég. N.-E.	1 713	0 10	. 25	-	-	-	-	-
Balance en fav. de la rég. moy.	-	-	-	205	. 01	. 02	1 621	. 16

N° 2 D.
REVENU ET IMPÔT.

TABLEAU *comparatif, par régions, du Revenu présumé des départemens, tel qu'il est indiqué à l'*Almanach du Commerce de 1820, *et des Contributions foncières, personnelles et mobilières assignées à chacun d'eux par le Budget de la même année. Le tout mis en rapport avec l'hectare et la population dans chaque département.*

NUMÉROS D'ORDRE.	DÉPARTEMENS.	REVENU présumé.	PRODUIT annuel d'un hectare, en francs.	REVENU territorial par tête, en francs.	CONTRIBUTION d'après le budget de 1820. PRINCIPAL et centimes additionnels de la contribution foncière, par département.	par hectare.	PRINCIPAL et centimes additionnels de la contribution personnelle et mobilière, par département.	par tête.	N°s de renvoi du tableau par série.	de la carte.
	RÉGION NORD-OUEST.	francs.	fr. c.	fr. c.	francs.	fr. c.	francs.	fr. c.		
1	Finistère	15 328 000	22 16	30 48	1 862 064	2 69	460 858	0 66	3	28
2	Côtes-du-Nord	19 256 000	25 88	33 11	2 206 010	2 96	316 466	0 54	10	21
3	Morbihan	14 741 000	21 02	34 40	1 809 783	2 71	350 071	0 84	1	35
4	Loire-Inférieure	18 904 000	26 73	41 35	2 084 175	2 95	597 229	1 31	11	43
5	Ille-et-Vilaine	19 477 000	28 56	36 19	2 507 012	3 67	431 383	0 78	10	34
6	Manche	31 813 000	52 70	52 05	4 389 031	7 28	599 417	0 91	4	49
7	Calvados	35 503 000	62 24	70 82	4 903 747	8 43	791 801	1 38	21	13
8	Orne	22 098 000	34 74	60 75	3 048 082	4 73	402 207	0 92	42	60
9	Sarthe	19 398 000	30 65	42 88	2 852 095	4 47	358 017	0 87	30	71
10	Mayenne	13 993 000	26 97	39 51	2 038 759	3 93	319 767	1 00	14	72
11	Maine-et-Loire	23 979 000	33 36	53 26	3 366 460	4 69	438 309	0 94	17	48
12	Indre-et-Loire	14 978 000	24 41	51 62	1 966 923	3 37	303 934	1 06	48	30
13	Indre	9 944 000	14 17	41 85	1 306 731	1 86	187 033	0 78	63	55
14	Loir-et-Cher	11 721 000	19 43	50 81	1 704 813	2 83	273 931	1 18	47	40
15	Eure-et-Loir	19 419 000	32 22	69 01	2 826 370	4 69	420 772	1 32	25	27
16	Seine	54 418 000	1178 80	53 70	8 907 765	193 67	5 472 304	5 40	38	73
17	Seine-et-Oise	30 305 000	53 70	68 74	4 390 001	7 66	807 616	1 83	62	55
18	Eure	29 741 000	46 00	70 51	4 101 311	6 21	502 243	1 17	67	16
19	Oise	25 609 000	44 04	66 50	3 535 840	6 09	518 008	1 34	62	59
20	Seine-Inférieure	44 523 000	79 03	66 64	6 134 350	11 01	1 434 974	2 14	84	73
21	Somme	29 064 000	48 08	55 22	4 015 803	6 63	611 770	1 16	40	77
22	Pas-de-Calais	32 305 000	48 24	51 86	3 807 549	5 82	552 820	0 86	26	61
		536 715 000	40 00	51 20	74 083 090	5 52	16 185 689	1 54		
	RÉGION NORD-EST.									
23	Nord	44 206 000	76 80	45 92	5 358 643	9 22	940 826	0 98	43	68
24	Aisne	25 904 000	34 68	53 00	3 496 800	4 60	500 027	1 03	65	2
25	Seine-et-Marne	24 421 000	40 98	76 75	3 700 084	6 21	581 122	1 82	50	74
26	Loiret	17 510 000	25 94	57 57	2 505 903	3 71	488 261	1 61	57	41
27	Cher	9 083 000	13 49	40 10	1 310 055	1 77	172 527	0 69	71	17
28	Nièvre	12 500 000	17 88	46 00	1 066 183	1 78	231 739	0 88	77	57
29	Côte-d'Or	21 896 551	24 97	59 03	3 365 275	3 84	465 705	1 26	76	20
30	Yonne	17 520 000	24 03	51 21	2 309 847	3 15	343 351	1 "	73	86
31	Aube	12 559 000	28 08	51 50	1 853 972	3 "	320 033	1 32	49	9
32	Marne	16 200 000	19 86	30 12	2 379 853	2 90	450 902	1 39	44	50
33	Ardennes	11 234 000	22 49	39 90	1 631 926	3 20	265 284	0 94	70	7
34	Meuse	14 281 000	23 63	46 61	1 984 474	3 28	244 914	0 80	81	54
35	Haute-Marne	13 052 000	21 57	53 70	1 813 605	2 86	257 627	1 05	84	51
36	Vosges	14 336 000	24 38	37 82	1 547 828	2 63	172 789	0 45	85	85
37	Meurthe	22 400 180	35 61	55 58	2 247 973	3 57	300 770	0 78	80	53
38	Moselle	16 528 000	27 70	40 39	2 100 380	3 54	306 900	0 75	74	56
39	Bas-Rhin	24 602 000	52 82	46 71	2 461 313	5 26	444 303	0 83	83	66
40	Haut-Rhin	19 196 000	30 22	46 96	2 032 833	3 32	275 086	0 67	86	67
41	Haute-Saône	18 336 000	35 46	55 97	1 936 739	3 74	182 483	0 53	82	60
42	Doubs	13 000 000	23 76	51 11	1 570 199	2 87	248 506	0 98	78	24
43	Jura	16 351 000	30 49	49 15	1 736 470	3 45	215 757	0 69	79	38
		385 902 731	29 29	48 88	49 148 392	3 76	7 400 558	0 96		
	RÉGION SUD-EST.									
44	Ain	16 076 000	27 32	47 06	1 602 302	2 74	189 837	0 58	46	1
45	Isère	24 134 000	52 46	45 80	3 119 131	3 71	347 150	0 66	66	38
46	Drôme	12 813 000	18 96	44 83	1 578 246	2 34	186 987	0 66	56	25
47	Hautes-Alpes	5 134 000	9 23	40 90	666 088	1 10	52 708	0 42	53	5
48	Basses-Alpes	7 245 000	10 45	50 60	798 674	1 08	81 623	0 53	35	4
49	Var	22 000 100	30 15	70 75	1 836 129	2 52	278 768	0 89	64	50
50	Bouches-du-Rhône	23 868 000	39 18	73 23	1 902 472	3 31	757 070	2 32	33	12
51	Vaucluse	13 614 000	40 40	58 41	1 169 467	3 18	150 355	0 69	61	81
52	Gard	20 656 000	34 41	59 43	2 333 720	3 80	360 209	1 07	72	29
53	Hérault	21 386 000	34 21	63 34	2 073 693	4 71	305 411	1 80	34	33
54	Aveyron	12 943 000	14 76	35 70	1 883 992	2 15	285 148	0 81	33	11
55	Lozère	5 712 530	11 20	41 16	773 398	1 52	67 727	0 49	20	47
56	Ardèche	18 210 000	24 02	40 32	1 158 915	2 11	126 249	0 39	27	6
57	Haute-Loire	10 409 000	21 00	38 42	1 330 968	2 70	152 736	0 50	18	42
58	Cantal	10 002 000	13 00	34 58	1 436 170	2 53	192 063	0 74	13	11
59	Puy-de-Dôme	22 528 000	26 23	39 38	3 091 834	3 80	436 797	0 81	29	62
60	Loire	14 365 000	28 92	38 24	1 881 936	3 80	383 699	1 02	31	31
61	Rhône	21 353 000	72 88	51 15	2 750 221	9 39	732 297	1 76	8	68
62	Saône-et-Loire	28 480 000	33 20	55 27	3 730 562	4 35	419 724	0 71	58	70
63	Allier	15 130 000	17 50	46 02	1 741 935	2 32	262 819	0 71	60	3
64	Ile-de-Corse	2 635 000	2 79	14 24	222 700	0 23	72 705	0 30	6	10
		372 065 630	23 91	48 01	36 074 180	2 81	6 018 317	0 90		
	RÉGION SUD-OUEST.									
65	Creuse	6 812 000	11 73	26 93	939 366	1 00	123 009	0 49	22	22
66	Haute-Vienne	8 189 000	14 67	20 67	1 193 900	2 14	176 603	0 63	7	84
67	Vienne	12 080 000	17 63	45 14	1 584 066	2 30	161 785	0 60	45	83
68	Deux-Sèvres	13 949 000	23 83	48 39	1 900 735	3 26	236 430	0 81	24	76
69	Vendée	13 807 000	23 10	48 34	2 048 670	3 03	251 868	0 78	5	82
70	Charente-Inférieure	22 637 000	31 56	51 01	3 123 209	4 36	503 605	1 10	12	16
71	Charente	17 006 000	30 41	60 63	2 340 302	3 98	323 963	0 91	9	18
72	Dordogne	21 327 000	23 73	45 05	2 702 616	3 07	327 387	0 71	50	23
73	Corrèze	7 718 000	12 07	26 38	1 122 138	1 88	141 286	0 50	3	38
74	Lot	11 308 000	28 38	40 30	1 645 354	4 13	251 980	0 90	19	45
75	Tarn-et-Garonne	12 483 000	35 12	51 96	2 151 576	6 07	246 135	1 02	51	39
76	Lot-et-Garonne	20 943 000	43 66	61 16	2 743 587	5 92	382 565	1 14	15	46
77	Gironde	30 907 000	36 69	74 18	3 287 921	3 48	800 031	1 65	37	32
78	Landes	7 537 000	8 37	28 40	987 224	1 09	125 276	0 47	68	30
79	Basses-Pyrénées	16 392 000	21 08	39 74	1 139 695	1 39	177 679	0 48	00	03
80	Hautes-Pyrénées	7 700 000	17 15	34 90	747 447	1 72	82 137	0 38	70	61
81	Gers	10 415 000	26 30	53 36	2 150 476	3 43	255 608	0 90	39	31
82	Haute-Garonne	22 448 000	34 94	58 15	2 043 761	4 68	443 393	1 09	41	39
83	Tarn	15 500 000	36 08	47 00	2 148 502	4 71	273 100	0 81	25	28
84	Aude	17 387 000	27 52	65 36	2 233 850	3 61	317 413	1 10	82	10
85	Arriège	9 847 000	18 59	39 09	777 332	1 47	141 131	0 55	65	8
86	Pyrénées-Orientales	7 361 000	17 87	48 06	917 865	2 23	89 173	0 53	69	63
		331 538 000	24 12	47 78	41 449 218	3 02	5 987 130	0 83		
	RÉCAPITULATION.									
1	Région Nord-Ouest	536 715 000	40 00	51 20	74 083 090	5 52	16 185 689	1 54		
2	Région Nord-Est	385 902 731	29 29	48 88	49 148 392	3 76	7 400 558	0 96		
3	Région Sud-Est	372 065 630	23 91	48 01	36 074 180	2 81	6 018 317	0 90		
4	Région Sud-Ouest	331 538 000	24 12	47 78	41 449 218	3 02	5 987 130	0 83		
		1 576 238 370	29 42	49 63	202 754 480	3 76	35 590 593	1 12		
	Le 1/4 pour terme moyen	394 059 580			50 688 620		8 89[illegible]			

[illegible]

[illegible]

OUVRAGES NOUVEAUX

[illegible]

www.ingramcontent.com/pod-product-compliance
Ingram Content Group UK Ltd.
Pitfield, Milton Keynes, MK11 3LW, UK
UKHW021105220726
13924UKWH00004B/1529